Einfach nachhaltig

Andreas Buhl
Fotografie: Lucas Guizo

HEIMAT MARMELADEN

150 verführerische Rezepte mit heimischem Obst, Gemüse, Blüten und Kräutern

CHRISTIAN

Für meine Konny, unsere Kinder und Lotte

Vorwort

Als Kind kannte ich nur eine Sorte von Marmelade oder Gelee – nämlich die **gute von Mama,** in vielen verschiedenen Varianten, selbst gemacht aus den Beeren und Früchten des eigenen Gartens oder hergestellt aus wild gewachsenen Beeren, die wir im Wald oder auf dem Feld gesammelt hatten. Damals hatte ich mir eingebildet, dass **alle** Marmeladen so lecker schmecken würden … Dass Marmelade, egal ob in Rot, Gelb oder Schwarz, einfach nur süß schmecken kann, habe ich dann in meinen späteren Jahren lernen müssen.

Bereits als heranwachsender Junge war für mich klar, dass ich Hoteldirektor werden wollte, natürlich in so einem feinen Hotel wie dem Sacher oder dem Adlon. Um meinem Traum ein Stück näher zu kommen, und weil ich schon damals leidenschaftlich gerne kochte, war es nur logisch, dass ich eine Lehre zum Koch machte – weit weg von zu Hause, im renommierten Parkhotel Adler in Hinterzarten im schönen Hochschwarzwald.

Nach meiner Ausbildung dort schlossen sich viele Berufsjahre in internationalen Fünfsternehotels in der Schweiz und in England sowie auf zwei Kreuzfahrtschiffen – der legendären Queen Elizabeth 2 und dem ersten Traumschiff, der MS Vistafjord – an. In dieser spannenden Zeit habe ich viel gelernt und noch mehr gesehen.

Im Anschluss an diese aktive Zeit in den Küchen dieser Welt wurde ich nach erfolgreich absolviertem Hotelbetriebswirt-Studium Empfangschef in einem Berliner Hotel und arbeitete später als Direktionsassistent im Rhein-Main-Gebiet. Hoteldirektor wurde ich aber nie, denn da gab es inzwischen etwas viel Besseres …

Die Möglichkeit, Marmelade selbst herzustellen, hat sich für mich eigentlich erst ergeben, als ich sesshaft wurde. (Okay, das stimmt nicht ganz, aus Spaß an der Freude hatte ich in meiner Zeit in London auch schon mal Papayamarmelade gekocht. Das war damals aber nur ein kurzer Ausflug in die Welt der eigenen Marmeladenproduktion.) Als ich dann mit dem Marmeladekochen anfing, startete ich nicht mit so etwas Normalem wie Erdbeermarmelade oder Traubengelee, sondern gleich mit etwas richtig Ausgefallenem, nämlich mit den Blüten von Englischen Duftrosen aus unserem eigenen Garten.

Was damals als Hobby und als Ausgleich zum Arbeitsalltag begann, entwickelte sich allmählich zu etwas Größerem und nahm immer mehr Raum ein. Zuerst kochte ich die Marmeladen nur für die Familie und Freunde, dann folgte der erste Verkaufsstand auf dem Weihnachtsmarkt, der erste Stand auf dem Kunsthandwerksmarkt …

Sie haben von so etwas bestimmt schon mal gehört, fast klassisch eigentlich, wenn Man(n) anfängt, sich zu verändern.

Dass ich Jahre später von der Presse einmal als »Marmeladen-Papst« tituliert, im Fernsehen als »der Marmeladenkönig aus Hainburg« vorgestellt oder heute von meinen Marktkollegen liebevoll »Hey, Mister Marmeladenmäääån« gerufen würde, konnte ich mir in all den frühen Jahren nicht vorstellen. Und heute …

Heute koche ich noch immer aus Freude und mit großer Leidenschaft Marmeladen und Gelees für meine Kunden auf sechs Wochenmärkten in der Region, auf verschiedenen Kunsthandwerksmärkten, für die Gäste verschiedener Hotels, für Wiederverkäufer in regionalen Einzelhandelsmärkten, für Kunden in Feinkostgeschäften und für Deutschlands höchstgelegenen Concept-Store auf dem Großen Feldberg.

Und die zuvor erwähnte Rosenblütenmarmelade stelle ich immer noch her, und zwar tatsächlich unverändert mit den Rosenblüten aus dem eigenen Garten! Die meisten Früchte und Beeren, die als Fruchtaufstriche in meinen Gläsern landen, kommen vom Wochenmarkt, aus dem eigenen Garten oder aus den Gärten lieber Menschen, die mir ihr Obst zur Verarbeitung überlassen. Die Löwenzahnblüten oder die Blütendolden des Holunders für meine Blütengelees sammele ich selbst, ebenso wie die Walderdbeeren (hier frage ich mich beim Sammeln selbiger jedes Jahr aufs Neue und in den letzten Jahren tatsächlich öfter, ob die schon immer so weit unten gewachsen sind …)

In all der Zeit, in der ich nun schon gewerblich Marmeladen herstelle, hat sich vieles verändert, außer einer Sache, der wichtigsten Zutat überhaupt: Liebe!

Sie steckt in jedem einzelnen Glas, das ich abfülle, das ich mit einem handgeschriebenen Etikett und einem Schmuckdeckelchen versehe, das ich über meinen Marktstand an meine Kunden reiche oder auch an die Wiederverkäufer ausliefere. Liebe macht den Unterschied – und diesen Unterschied werden Sie schmecken.

Liebe: davon können Sie gar nicht genug in die Gläser füllen, wenn Sie jetzt anfangen, Ihre Marmelade selbst zu kochen – und dafür wünsche ich Ihnen viel Freude und gutes Gelingen!

Ihr Andreas Buhl

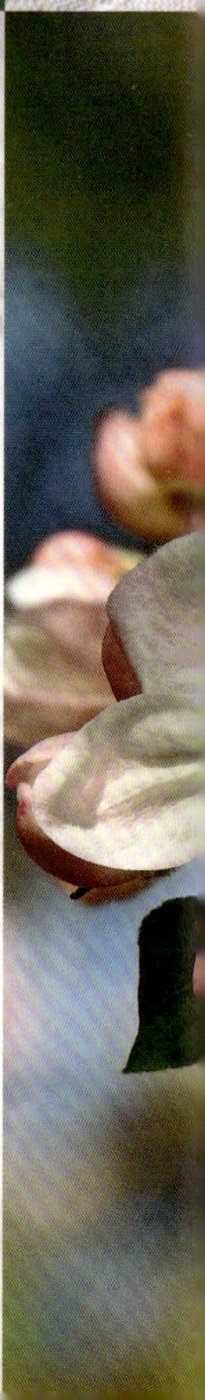

Inhalt

Bevor es losgeht

Begrifflichkeiten

Auf die Frage, wie sein Tag heute so war, antwortete mir Valentin in der Chorprobe:

»Heute musste am SMR-Modulator der High Voltage Bias neu justiert werden. Und daraus resultierend auch die Prozedur zum Alignment der Empfänger-Zwischenfrequenz durchgeführt werden …«

Angestrengt habe ich versucht, einen klugen und verstehenden Eindruck zu machen, aber er hat mich durchschaut – und dann haben wir beide gelacht. Machen Sie sich also nichts daraus, wenn Sie es auch nicht verstanden haben. Er arbeitet als Radaringenieur bei der Flugsicherung. Für einen seiner Kollegen wäre alles logisch und verständlich gewesen, aber halt nicht für einen Marmeladenkoch, wie ich einer bin. Der hat nämlich seinen eigenen Schatz an Fachwörtern. Und damit es Ihnen mit diesem Buch nicht so geht, wie mir mit meinem Sangeskollegen, folgen hier ein paar Erklärungen zu einigen Begriffen:

»Marmelade«, »Gelee« und »Konfitüre« sind sicherlich geläufige Bezeichnungen für Fruchtaufstriche. Regional werden sie aber auch umbenannt oder abgewandelt. So nennt man sie Gsälz im Schwäbischen, Igmax im Badischen oder Schellee im Hessischen (um nur einige zu nennen). Wenn es um Pflaumenmus geht, dann heißt das lokal unter anderem Latwerge, Latwersch oder Lätmerje.

Unter »Marmelade« versteht man umgangssprachlich einen Fruchtaufstrich mit einer musig-stückigen Konsistenz. Bei »Konfitüre« erwarten die Menschen etwas »Vornehmeres«, etwas mit ganzen Früchten oder zumindest größeren Fruchtstücken. Bei Gelees dagegen handelt es sich um Aufstriche, die nur aus Saft hergestellt werden.

Soweit das umgangssprachliche Verständnis. Und dann kommt die Europäische Konfitürenverordnung und erklärt, dass es so etwas wie eine Erdbeermarmelade gar nicht gibt – zumindest nicht, wenn sie verkauft werden soll. Marmeladen dürfen sich nach dieser Verordnung nämlich nur Fruchtaufstriche nennen, die aus Zitrusfrüchten hergestellt werden. Dazu gibt es dann Ausnahmeregelungen und …

Aber damit will ich Sie nun wirklich nicht langweilen. Lassen Sie uns lieber über die relevanten Dinge beim Herstellen von Marmeladen reden:

Das Wichtigste sind natürlich die Zutaten

Beeren und Früchte

Die Beeren und Früchte, die Sie verarbeiten, müssen vollreif, aromatisch und saftig sein – und in einwandfreiem Zustand. Früchte, die unreif vom Baum gerissen werden, haben kein Aroma, da hilft kein Zucker und kein Zitronensaft! Allerdings: »Die Zunge hat keine Augen. Sie kann nur schmecken, aber das umso besser!« (So sage ich immer wieder.) Die Früchte müssen also nicht aussehen wie gemalt, Druckstellen kann man rausschneiden. Dennoch: verdorbenes Obst bitte nicht verarbeiten!

Saftherstellung

Zur Saftherstellung für die Gelees benutze ich einen Dampfentsafter. Dabei handelt es sich um ein dreiteiliges Kochgeschirr, bestehend aus einem Untersatz, einem Saftauffangbehälter mit Ablass-Schlauch in der Mitte und einem gelochten Fruchtkorb mit Deckel. Im Untersatz wird Wasser zum Kochen gebracht, das als heißer Dampf durch eine Öffnung nach oben in den Fruchtkorb steigt. Die Hitze des Dampfes bringt dort die Zellen der Früchte zum Platzen. Der austretende Saft fließt durch die Löcher im Boden des Fruchtkorbes in den mittleren Einsatz. Der sich dort sammelnde Saft kann über den integrierten Schlauch mit Klemme leicht abgelassen werden.

Alternativ können Sie die zu entsaftenden Beeren mit wenig Wasser in einem Topf aufkochen. Dafür das Ganze zuerst langsam erhitzen, dann einige Minuten köcheln lassen. Die heiße Masse anschließend in ein Sieb abgießen und dabei den entstandenen Saft auffangen. Da Sie den Saft erst weiterverarbeiten sollten, wenn er erkaltet ist, können Sie die Beerenmasse ruhig lange im Sieb belassen, damit der Saft in Ruhe abtropfen kann.

Wenn Sie den Saft für die Geleeherstellung nicht selbst produzieren möchten, sondern auf gekaufte Säfte zugreifen, hier noch ein Tipp: Bei »Saft« handelt es sich ausschließlich um den Saft von Beeren oder Früchten, **ohne** Zusätze und auch ohne Zuckerzusatz. Wenn auf der Verpackung »Nektar« steht, hört sich das zwar toll an, das ist dann jedoch kein reiner Saft, sondern ein Gemisch aus Wasser und Fruchtpüree oder -saft, das mit Verdickungsmittel und (meist) mit Zucker versetzt ist.

Zucker

Zucker aus heimischen Zuckerrüben ist meine erste Wahl für die Zubereitung von Marmeladen. Wir reden bei so vielen alltäglichen Lebensmitteln über Regionalität und Nachhaltigkeit, da muss es kein Agavendicksaft oder Rohrohrzucker sein, um Marmelade zu süßen. Und übrigens auch kein Honig, denn der verliert alle seine guten Eigenschaften, wenn er über 40 Grad erhitzt wird.

Und wenn Sie sich fragen, warum ich für meine Rezepte Gelierzucker 1:1 verwende: weil in dieser Variante des fertig gemischten Zuckers keine Konservierungsstoffe enthalten sind. Ganz anders sieht das bei den Varianten 2:1 oder 3:1 aus, in denen neben einem höheren Pektingehalt auch immer irgendein Konservierungsstoff beigemischt ist. Schauen Sie auf die Zutatenliste der Packungen, da steht es drauf.

Fertig gemischter Gelierzucker erleichtert die Herstellung von Marmeladen und Gelees außerdem ein Stück. Sie brauchen kein Zuckerthermometer und müssen auch nicht ausrechnen, wie viel Apfelpektin auf welche Menge Frucht und Zucker kommt.

Zubehör

Das meiste, das Sie zum Kochen von Marmelade benötigen, haben Sie bestimmt in Ihrer Küche. Zu den nötigen Utensilien gehören:

- ein Topf mit mindestens sechs Liter Fassungsvermögen
- ein hitzebeständiger Pürierstab, mit dem die kochend heiße Masse bearbeitet werden kann
- ein langer Rührlöffel
- ein Teigschaber mit Griff, um die kochende Masse immer wieder mal vom Topfrand zu lösen
- pro Rezept ca. sechs bis acht Gläser mit einem Fassungsvermögen von je 200 ml plus den passenden Deckeln
- eine Schaumkelle zum Abschäumen
- nach Möglichkeit einen Marmeladentrichter (er macht das Abfüllen wirklich leichter)
- (Dass Sie Messer, Schüsseln, einen Messbecher und eine Waage brauchen, führe ich nicht extra auf.)

Bei manchen Rezepten erwähne ich die Flotte Lotte. Sie kommt immer dann zum Einsatz, wenn Kernchen aus einem Beerenbrei entfernt werden sollen, beispielsweise bei Himbeeren oder Brombeeren, oder Sie für die Weiterverarbeitung der Früchte eine geschmeidige Masse brauchen. Es handelt sich dabei um ein handbetriebenes Passiergerät, das die mühsame Arbeit, die Masse durch ein feines oder größeres Sieb zu streichen, erheblich vereinfacht und beschleunigt. Sie finden sie in jedem Haushaltswarengeschäft.

Arbeitsschritte

»Die Früchte mit dem Gelierzucker und dem Zitronensaft mischen und mindestens 1 Stunde abgedeckt Saft ziehen lassen« ist eine Anweisung, der Sie in diesem Buch immer wieder begegnen werden. Der Zucker kann nicht in die Früchte eindringen, aber er zieht den Saft aus den Früchten und mit der so gewonnenen Flüssigkeit wird ein Kochen ohne zusätzliche Zugabe von Flüssigkeit erst möglich.

In meinen Rezepten lesen Sie auch immer wieder: »Den Topfinhalt unter gelegentlichem Rühren bei mittlerer Temperatur erwärmen, dann auf höchster Stufe unter ständigem Rühren zum Kochen bringen.« Warum? Kalte Massen sind zäher und brennen deshalb leichter an als warme oder heiße Massen. Wenn Sie am Topf stehen bleiben und die ganze Zeit rühren, brauchen Sie nicht langsam zu erhitzen, dann können Sie gleich mit Vollgas loslegen, aber wie gesagt, dann müssen Sie **rühren**!

Dazu gleich noch einen Hinweis: Wenn Sie keine stückigen Marmeladen mögen, sondern eine geschmeidige und samtige Konsistenz bevorzugen, dann kochen Sie bitte trotzdem eine stückige Marmelade und pürieren diese erst kurz vor dem Abfüllen mit dem Stabmixer. Der Grund ist auch hier wie oben beschrieben das Thema »anbrennen«: Je zähflüssiger eine Masse ist, desto leichter brennt sie an – bei püriertem Pfirsich oder Aprikose können Sie beispielsweise gar nicht so schnell und viel rühren, wie die Masse am Topfboden anbrennt.

Sie werden auch immer wieder lesen »Wenn das gesamte Kochgut unter Rühren kräftig sprudelt, weitere 4 Minuten sprudelnd kochen lassen«. Da ich Ihre Kochstelle nicht kenne, kann ich nur Folgendes dazu anmerken: Wenn Ihre Marmelade sprudelt und spritzt, auch wenn Sie die Herdplatte eine oder zwei Stufen runterschalten, dann tun Sie das. Sonst kann auch dann die Masse anbrennen.

Die **Topfgröße** ist ebenfalls ein Aspekt, den es bei der Herstellung zu bedenken gilt: Beim Erhitzen und Kochen von Marmelade vergrößert sich das Volumen der Masse zeitenweise schnell mal auf das Doppelte oder sogar Dreifache der kalten Menge. Sie wollen dann immer noch rühren können, ohne dass sich die heiße Masse über den Topfrand ergießt. Also wählen Sie den Topf lieber eine Nummer größer.

Zum Rühren empfehle ich einen **langen Kochlöffel**, also wirklich lang! Ihre Hand sollte nämlich möglichst weit weg von der sprudelnden und spritzenden Masse sein. Kochende Marmelade ist durch den hohen Zuckeranteil viel heißer als zum Beispiel Wasser. Bei der Geleeherstellung ginge auch ein Schneebesen, damit verursachen Sie aber beim Rühren viel mehr Schaum als mit einem Kochlöffel.

Was uns direkt zum **Abschäumen** bringt: Beim Kochen entwickeln Früchte und Beeren unterschiedlich viel Schaum, der zum Ende der Kochzeit weniger wird. Den verbleibenden Schaum können Sie leicht mit einer Schaumkelle abschöpfen. Dafür am besten die heiße Masse einen Moment stehen lassen, dabei wird der Schaum fest und bleibt auf der Schaumkelle liegen, während die Marmelade oder das Gelee durch die Löcher der Kelle zurück in den Topf fließt. Der Schaum sollte abgenommen werden, da er bei der Lagerung durch die eingeschlossene Luft eine sehr große Oberfläche hat und für Schimmel anfälliger wäre als die kompakte Marmelade.

Selbstverständlich können Sie auch versuchen, den Schaum vorsichtig mit einem großen Löffel herunterzuschöpfen, das ist aber tatsächlich viel umständlicher als mit einer Schaumkelle.

Den Schaum können Sie direkt nach dem Abschöpfen weiterverwenden: Rühren Sie ihn beispielsweise in Naturjoghurt oder in Quark, oder genießen Sie ihn noch warm auf einem Brötchen.

Und damit sind wir auch schon fast am Ende der Marmeladenherstellung: Als Letzte folgt die **Gelierprobe**. Dieser Schritt vor dem Abfüllen der heißen Masse soll verhindern, dass Sie nach dem Erkalten eine unangenehme Überraschung erleben: Niemand mag es, wenn ihm die Marmelade vom Brot oder das Gelee vom Brötchen tropft.

Dafür geben Sie nach der vorgesehenen Kochzeit einen Klecks der heißen Masse auf einen kalten Teller – oder so wie ich auf den Doppelboden einer Stielkasserolle. Hier kühlt sie sehr schnell ab und es lässt sich erkennen, ob die fertige Marmelade die richtige Konsistenz haben wird. Wenn sich schnell eine Haut auf dem Klecks bildet und er fest wird, ist alles zum Abfüllen bereit. Wenn nicht, fügen Sie noch etwas Zitronensaft zu und lassen die Masse noch einen Moment länger kochen. Dann wiederholen Sie den Test. Aber Achtung: Pektin verliert bei zu langem Kochen die Gelierfähigkeit!

Abfüllen

Sauberkeit beim Arbeiten ist das oberste Gebot bei der Marmeladenherstellung. Dieses erstreckt sich natürlich und vor allem auf die Gläser und Deckel! Nachlässigkeiten hierbei rächen sich schnell, denn die Marmelade oder das Gelee kann leicht schimmelig werden.

Zum Sterilisieren die **Gläser** am besten mit kochendem Wasser bis zum Rand füllen und so einige Minuten stehen lassen. Leeren Sie die Gläser anschließend vorsichtig aus und stellen Sie sie kopfüber auf einem sauberen Geschirrtuch ab. Die gespülten **Deckel** lege ich immer für mindestens 10 Minuten auf einen Dampfeinsatz in einen Topf über kochendem Wasser, da Dampf noch heißer ist, als das kochende Wasser selbst. Diese Arbeiten machen Sie bitte unmittelbar vor oder während des Kochvorganges, sodass die Gläser und Deckel noch heiß sind, wenn Sie die Marmelade einfüllen.

Nachhaltigkeitsgedanken in allen Ehren, aber bei der Wiederverwendung von Gläsern und Deckeln ist Achtsamkeit geboten. Unbeschädigte Gläser gehen immer – Deckel nicht! Verwenden Sie **niemals** Deckel von Sauerkonserven wie Cornichons, Mixed Pickles oder Maiskölbchen für Ihre Marmeladen oder Gelees. Sie riechen vielleicht am gespülten Deckel nichts mehr von seinem ursprünglichen Inhalt, aber mit Sicherheit werden Sie ihn schmecken, wenn Sie nach einigen Monaten der Lagerung Ihren Fruchtaufstrich genießen möchten.

Marmeladengläser und deren Deckel können immer wieder verwendet werden, solange sie einwandfrei in Ordnung sind! Die Gläser bleiben dabei meist länger im Einsatz als die Deckel.

Beim Einfüllen der Marmeladen- oder Geleemasse in die vorbereiteten Gläser hilft ein sogenannter Marmeladentrichter. Der über den Glasrand hinausragende Trichter hilft, Spritzer und Kleckereien am Gewinde des Glases zu reduzieren. Falls diese doch passieren, wischen Sie den Glasrand bitte gleich mit einem sauberen Tuch ab. Eine wirkliche Alternative zum Marmeladentrichter gibt es nicht, Sie können sich aber vielleicht mit einem hitzebeständigen (Milch-) Kännchen behelfen, aus dem die Marmelade dann ins Glas gegossen werden kann. Füllen Sie das Glas mit einer Schöpfkelle möglichst bis zum oberen Glasrand. Verschließen Sie dann das Glas und stellen Sie es für etwa 5 Minuten auf den Deckel, damit durch die heiße Masse noch der letzte, eventuell hartnäckig verbliebene unerwünschte Mikroorganismus abgetötet wird.

Und falls Sie Schwierigkeiten beim Greifen der heißen Gläser haben, empfehle ich einen weißen Baumwollhandschuh, so einen, wie ihn auch die Fastnachtsnarren benutzen – der lässt sich zu Reinigungszwecken auch kochen.

Aufbewahren

Marmeladen und Gelees lagern Sie am besten an einem dunklen, kühlen Ort. Sie sind tatsächlich für mehrere Jahre haltbar, verlieren aber leider im Laufe der Zeit an Farbe und Geschmack – also lieber weniger auf einmal und dafür Jahr für Jahr immer nur die Mengen produzieren, die in einem absehbaren Zeitraum gegessen werden.

Einen Trick, den ich von meiner Oma Lina gelernt habe, möchte ich Ihnen hier nicht vorenthalten: Erdbeermarmelade hat leider die unglückliche Eigenart, dass sie schon nach wenigen Monaten im Vorratslager an Aroma verliert und sich ihr herrliches Rot in einen weniger appetitlichen Braunton verwandelt. Diesen Prozess können Sie umgehen: Frieren Sie die fertige Marmelade im Glas einfach ein! Bei Bedarf das tiefgefrorene Glas am Abend aus dem Tiefkühler nehmen und die Marmelade über Nacht auftauen lassen. Die Marmelade hat nun noch immer das Aroma und die Farbe wie eine frisch gekochte Erdbeermarmelade!

Und keine Sorge, das Glas wird nicht platzen! Die gefrorene Marmelade hat nicht mehr Volumen als die heiße Masse, die Sie ins Glas gefüllt haben.

Noch ein paar Gedanken zur Verwendung der Marmeladen

Klar, als Erstes fällt uns dazu natürlich der klassische Frühstücks-Belag auf Brot und Brötchen ein, dann kommt bei uns Marmelade in Joghurt, Quark und Müsli. Als Dessertsauce, zum Beispiel auf Eis, macht Marmelade eine ebenso gute Figur wie als Füllung für Gebäck wie Dampfnudeln oder süße Schnecken, für Plätzchen oder »Kreppel« (Berliner Krapfen). Gelbes Gelee gibt einem gedeckten Apfelkuchen den perfekten, letzten Schliff, und eine Linzertorte ohne dicke Himbeer-Marmeladen-Füllung ist gänzlich unvorstellbar!

Waffeln, Crêpes oder süße Pfannkuchen sind mit Marmelade nicht nur köstliche Dessert-Variationen, sondern kleine Hauptmahlzeiten. Geben Sie mal einen Teelöffel Heidelbeermarmelade oder Holundergelee in Ihr Salatdressing – Sie werden begeistert sein – und da meine ich jetzt nicht die geniale Farbe, in der sich Ihre neue Salatvariation präsentiert.

Quittengelee, Zwiebelmarmelade oder Feige mit Walnuss als Begleiter zu Ihrem Käsebrett sind einfach ein Traum – und warum nicht alle drei Sorten nebeneinander probieren und so Ihren Favoriten zu verschiedenen Käsesorten herausfinden?!

Grundsätzlich sind selbstgemachte Marmeladen und Gelees begehrte Mitbringsel zu allen möglichen, aber besonders zu kulinarischen Einladungen. Wenn Sie dem Marmeladenglas mit einer passenden Serviette eine Haube verpassen und mit einem handgeschriebenen Etikett den Inhalt verraten, sieht das dann gleich noch viel wertiger und schöner aus.

Selbst hergestellte Marmeladen und Gelees sind **immer** ein großartiges Geschenk zu **allen** Gelegenheiten: Geburtstag, Nikolaus, Weihnachten, um nur einige zu nennen. Ein Glas Marmelade im Osternest anstatt oder mit Schokoladeneiern kommt immer gut an. Warum nicht mal den Adventskranz mit vier weihnachtlichen Marmeladen statt mit vier Kerzen verschenken – für jeden Adventssonntag eine andere Sorte?! Und für besonders ambitionierte Marmeladenproduzenten gibt es ja auch noch den Adventskalender …

Eine andere Einsatzmöglichkeit für selbst gekochte Marmeladen ist der große Bereich Gastgeschenke: Egal, ob bei der Kindstaufe oder beim großen Geburtstagsjubiläum – wenn jeder Gast zum Abschied noch eine ansprechend gestaltete Marmelade mit einem »Dankeschön« überreicht bekommt, bleiben der Tag und das darin Erlebte noch länger in positiver Erinnerung.

Und dann dürfen wir natürlich auf keinen Fall das große Thema »Hochzeitsmarmeladen« vergessen: Statt einem Tischkärtchen stellen Sie für jeden Gast ein mit seinem Namen versehenes Marmeladengläschen auf seinen Platz – am besten eine Sorte für die weiblichen Gäste und eine andere Sorte für die männlichen – dann gehen die Paare gleich mit zwei verschiedenen Sorten nach Hause. Und jeder hat ein süßes Gastgeschenk, das als Erinnerung an den schönen Tag aufgehoben- oder doch lieber gleich vernascht werden kann. Für die Gestaltung dieser »kulinarischen Tischkärtchen« gibt es keine Grenzen – es gibt soooo viele tolle Dekore, da finden Sie zu jedem Hochzeitsthema die richtige Serviette, die Sie dann mit passendem Material (von Bast- bis Satinband) und einem Namensschild am Glas befestigen können. Schöner und persönlicher geht es nicht!

Bezugsquellen

Oft werde ich gefragt, wo ich denn zum Beispiel meine Gläser oder auch meine Küchenutensilien kaufe. Weil ich seit Jahren beste Erfahrungen mit ihnen gemacht habe, kann ich Ihnen gerne meine Bezugsquellen weitergeben:

Für verschiedenste **Gläser und passende Deckel** halte ich mich an

- »Gläser und Flaschen«, Berlin (glaeserundflaschen.de).

Wegen der großen Auswahl und der besten Beratung kaufe ich meine **Küchenutensilien** bei

- Eichelsbacher GmbH, Aschaffenburg (eichelsbacher.info).

Für die **Servietten(-Hauben)**, die meine Marmeladen-Gläser noch schöner machen, werde ich mich an

- Paper+Design (paper-design.de)

- Ambiente (ambiente.eu)

- Braun + Company Papierwaren (braun-company.de).

Mein Ansprechpartner für ganz besondere und für ausgefallene **Muttersäfte** ist

- Brauweiler Fruchtsäfte (brauweiler-fruchtsaefte.de).

Weine und Spirituosen beziehe ich gerne lokal, meine Favoriten sind dann

- für Weine: Weingut Bastian Petry, Massenheim (weingut-bastianpetry.de),

- für Apfeltau: Apfeltau – Fährenhof GmbH (apfeltau.de).

Alle meine **Gewürze** und die leckere **Tahiti-Vanille** beziehe ich bei

- Schimmelschmidt, Gewürze-Kräuter-Teevertrieb (schimmelschmidt.com)

> INFO: Die Tahiti-Vanille (*Vanilla tahitensis*) wird auf der Südseeinsel Tahiti angebaut. Sie ist etwas ganz Besonderes und unterscheidet sich von der Bourbonvanille durch den zusätzlichen Duftstoff Heliotropin. Die tiefschwarze, fleischige Schote besticht durch zarte und sehr blumige Geschmackskomponenten. Sie ist die seltenste Vanillesorte der Welt!

Und die beste Bezugsquelle für **Obst und Beeren** ist neben dem eigenen Garten natürlich immer der lokale Wochenmarkt in Ihrer Nähe.

Beeren

Brombeere pur

Für ca. 8–9 Gläser à 200 ml (ca. 1700 ml) ◎ *Haltbar: mind. 18 Monate*
1 kg frische, reife Brombeeren ◎ 1 kg Gelierzucker 1:1 ◎ Saft von 1 Zitrone

◎ Die Brombeeren verlesen (aber nicht waschen). In einem großen Topf mit dem Gelierzucker und dem Zitronensaft mischen. Die Mischung mindestens 1 Stunde abgedeckt Saft ziehen lassen.
◎ Nach der Ziehzeit den Topfinhalt unter gelegentlichem Rühren bei mittlerer Temperatur erwärmen, dann auf höchster Stufe unter ständigem Rühren zum Kochen bringen. Wenn das gesamte Kochgut unter Rühren kräftig sprudelt, weitere 4 Minuten sprudelnd kochen lassen und dabei immer gut rühren! Anschließend die Gelierprobe machen und nach Bedarf abschäumen.
◎ Nach erfolgreicher Gelierprobe die Marmelade sofort in die vorbereiteten, sterilisierten und heiß ausgespülten Gläser füllen. Mit den ebenfalls sterilisierten Deckeln verschließen und für etwa 5 Minuten kopfüber auf dem Deckel stehend ruhen lassen. Danach die Gläser wenden und vollständig abkühlen lassen.

INFO: Gartenbrombeeren, insbesondere die stachellosen Pflanzen, haben die größten und schönsten Früchte, können es aber mit dem herrlichen Geschmack der wild wachsenden, oft viel kleineren Beeren nicht aufnehmen.

Brombeere mit Gin

Für ca. 8–9 Gläser à 200 ml (ca. 1700 ml) ◎ *Haltbar: mind. 18 Monate*
1 kg frische, reife Brombeeren ◎ 1 kg Gelierzucker 1:1 ◎ Saft von 1 Zitrone ◎ 30 g Gin

◎ Die Brombeeren verlesen (aber nicht waschen). In einem großen Topf mit dem Gelierzucker und dem Zitronensaft mischen. Die Mischung mindestens 1 Stunde abgedeckt Saft ziehen lassen.
◎ Nach der Ziehzeit den Topfinhalt unter gelegentlichem Rühren bei mittlerer Temperatur erwärmen, dann auf höchster Stufe unter ständigem Rühren zum Kochen bringen. Wenn das gesamte Kochgut unter Rühren kräftig sprudelt, weitere 4 Minuten sprudelnd kochen lassen und dabei immer gut rühren! Anschließend die Gelierprobe machen und nach Bedarf abschäumen.
◎ Danach noch einmal kurz aufkochen lassen und erst dann den Gin hinzufügen. Den Gin unterrühren, die Marmelade jetzt nicht mehr kochen lassen! Sofort in die vorbereiteten, sterilisierten Gläser füllen und fest verschließen. Die Gläser für etwa 5 Minuten kopfüber auf den Deckel stellen, danach wenden und auskühlen lassen.

Brombeere kernlos

Für ca. 8–9 Gläser à 200 ml (ca. 1700 ml) ◎ *Haltbar: mind. 18 Monate*
ca. 1,3 kg frische, reife Brombeeren ◎ Apfelsaft nach Bedarf ◎
1 kg Gelierzucker 1:1 ◎ Saft von 1 Zitrone

◎ Die Brombeeren verlesen (aber nicht waschen) und zusammen mit 100 ml Wasser in einen großen Topf geben. Langsam erhitzen und zum Kochen bringen. Die Temperatur reduzieren, den Topf mit einem angelegten Deckel verschließen und für 5–10 Minuten leicht köcheln lassen.

◎ Achtung: Das Volumen vergrößert sich enorm! Die Temperatur also so wählen, dass die Flüssigkeit nicht überkocht!

◎ Die noch heiße Masse durch ein feines Sieb oder eine Flotte Lotte passieren, dabei das Fruchtmark auffangen. Das aufgefangene Fruchtmark soll 1 kg ergeben, ansonsten mit Wasser oder Apfelsaft auffüllen.

◎ Das Fruchtmark abkühlen lassen. Erst mit dem Gelierzucker und dem Zitronensaft mischen, sobald es kalt ist. (Das im Gelierzucker enthaltene Pektin bildet sofort Klumpen, wenn es in die heiße Masse geschüttet wird.)

◎ Nach der Ziehzeit den Topfinhalt unter gelegentlichem Rühren bei mittlerer Temperatur erwärmen, dann auf höchster Stufe unter ständigem Rühren zum Kochen bringen. Wenn das gesamte Kochgut unter Rühren kräftig sprudelt, weitere 4 Minuten sprudelnd kochen lassen und dabei immer gut rühren! Anschließend die Gelierprobe machen und nach Bedarf abschäumen.

◎ Nach erfolgreicher Gelierprobe die Marmelade sofort in die vorbereiteten, sterilisierten und heiß ausgespülten Gläser füllen. Mit den ebenfalls sterilisierten Deckeln verschließen und für etwa 5 Minuten kopfüber auf dem Deckel stehend ruhen lassen. Danach die Gläser wenden und vollständig abkühlen lassen.

Speierling pur

Für ca. 8–9 Gläser à 200 ml (ca. 1700 ml) ◎ Haltbar: mind. 18 Monate

Für das Speierlingpüree: ca. 825 g Speierlingbeeren

Für die Marmelade: 550 g Speierlingpüree ◎ 300 ml Apfelsaft ◎ 150 ml Apfelwein (am besten den auch mit Speierlinganteil) ◎ 900 g normaler Haushaltszucker ◎ Saft von 1 Zitrone

◎ Für das Speierlingpüree die richtig reifen Früchte vorsichtig waschen und die Stiele entfernen, vierteln. In einen Topf mit wenig Wasser geben, gerade so viel, dass der Topfboden gut 1 cm hoch bedeckt ist, und abgedeckt langsam erhitzen. Gelegentlich umrühren und darauf achten, dass die Masse nicht anhängt.

◎ Wenn die Fruchtstücke schließlich im eigenen Saft kochen, den Deckel abnehmen und die Masse offen noch 5 Minuten köcheln lassen. Anschließend die noch heiße Fruchtmasse zusammen mit dem entstandenen Saft durch den feinen Einsatz der Flotten Lotte in einen zweiten Topf passieren.

◎ Von dieser Masse brauchen Sie 550 g für die Marmelade. Für 1 kg Fruchtpüree sind etwa 1,5 kg reife Früchte nötig.

◎ Für die Marmelade die Zutaten in einem großen Topf mischen und mindestens 1 Stunde abgedeckt einwirken lassen.

◎ Nach der Einwirkzeit den Topfinhalt unter gelegentlichem Rühren bei mittlerer Temperatur erwärmen, dann auf höchster Stufe unter ständigem Rühren zum Kochen bringen. Wenn das gesamte Kochgut unter Rühren kräftig sprudelt, weitere 3 Minuten sprudelnd kochen lassen und dabei immer gut rühren! Anschließend die Gelierprobe machen und nach Bedarf abschäumen.

◎ Nach erfolgreicher Gelierprobe die Marmelade noch einmal aufwallen lassen, dann sofort in die vorbereiteten, sterilisierten und heiß ausgespülten Gläser füllen. Mit den ebenfalls sterilisierten Deckeln verschließen und für etwa 5 Minuten kopfüber auf dem Deckel stehend ruhen lassen. Danach die Gläser wenden und vollständig abkühlen lassen.

INFO: Speierling ist wieder so eine Obstsorte, von der die meisten von uns schon mal gehört haben, von der die meisten aber nicht wirklich wissen, wie sie aussieht, geschweige denn, wie sie schmeckt. Der Speierling ist, grob gesagt, ein Wildobst aus der Gattung der Ebereschen. Unreif geerntet findet er unter anderem Verwendung bei der Herstellung herber Apfelweine – Anteil dann +/– 2 Prozent. Die kleinen apfel- bis birnenförmigen Früchte sind 2 bis 3 cm groß, anfänglich grünlich-gelb, schmecken unreif herb und sehr sauer und sind adstringierend. Früher machten sie auch »normale« Weine haltbar.

Wenn die Früchte voll ausreifen dürfen, wird ihr Fruchtfleisch teigig und weich, und die Farbe geht in ein sattes Schokoladenbraun über – erst dann wollen wir sie zu Marmelade verarbeiten!

TIPP: Die fertige Marmelade schmeckt unter anderem ganz hervorragend zu Wildgerichten und – so unglaublich es klingen mag – zu geräuchertem Fisch!

Erdbeere pur

Für ca. 8–9 Gläser à 200 ml (ca. 1700 ml) ◎ Haltbar: mind. 6 Monate

1 kg Erdbeeren ◎ 1 kg Gelierzucker 1:1 ◎ Saft von 1 Zitrone

◎ Die Erdbeeren kurz (!) in viel kaltem Wasser waschen, putzen und in ein Abtropfsieb geben. Die Hälfte der Früchte je nach Größe vierteln oder achteln. Die übrigen Beeren mit einem Pürierstab zerkleinern (siehe Info Seite 27). Alles zusammen in einem großen Topf mit dem Gelierzucker und dem Zitronensaft mischen. Die Mischung mindestens 1 Stunde abgedeckt Saft ziehen lassen.

◎ Nach der Ziehzeit den Topfinhalt unter gelegentlichem Rühren bei mittlerer Temperatur erwärmen, dann auf höchster Stufe unter ständigem Rühren zum Kochen bringen. Wenn das gesamte Kochgut unter Rühren kräftig sprudelt, weitere 4 Minuten sprudelnd kochen lassen und dabei immer gut rühren! Anschließend die Gelierprobe machen und nach Bedarf abschäumen.

◎ Nach erfolgreicher Gelierprobe die Marmelade sofort in die vorbereiteten, sterilisierten und heiß ausgespülten Gläser füllen. Mit den ebenfalls sterilisierten Deckeln verschließen und für etwa 5 Minuten kopfüber auf dem Deckel stehend ruhen lassen. Danach die Gläser wenden und vollständig abkühlen lassen.

TIPP: Erdbeermarmelade hat die leidige Angewohnheit, nach 3–4 Monaten die frischrote Farbe in ein unschönes Rotbraun zu verändern und das köstliche Aroma zu verlieren. Deshalb hier ein Trick meiner Oma Lina:
Egal aus welcher Ecke der Welt kommend ich meine Oma besucht habe, immer ist die alte Dame kopfüber in ihre Kühltruhe getaucht und hat mir zum Abschied eine gefrorene Erdbeermarmelade mitgegeben. Frieren auch Sie die fertige Marmelade einfach ein! Bei Bedarf das Glas am Abend aus dem Tiefkühler nehmen, dann kann die Marmelade über Nacht auftauen – und die Marmelade hat das Aroma wie frisch gekocht und die schönste Farbe!
Und keine Sorge, das Glas wird nicht platzen! Die gefrorene Marmelade hat nicht mehr Volumen als die heiße Masse, die Sie ins Glas gefüllt haben.

Erdbeere mit Rhabarber

Für ca. 8–9 Gläser à 200 ml (ca. 1700 ml) ◎ Haltbar: mind. 6 Monate

600 g Erdbeeren ◎ 450 g Rhabarberstangen ◎ 1 kg Gelierzucker 1:1 ◎ Saft von 1 Zitrone

◎ Die Erdbeeren kurz (!) in viel kaltem Wasser waschen, putzen und in ein Abtropfsieb geben. Die Hälfte der Früchte je nach Größe vierteln oder achteln. Die übrigen Beeren mit einem Pürierstab zerkleinern. Die Rhabarberstangen waschen, mit der Messerspitze unter die Schale stechen und in dünnen Fäden abziehen. Die Stangen in kleine Stücke schneiden. 400 g abmessen.

◎ Die Erdbeeren, das Erdbeerpüree und den Rhabarber in einem großen Topf mit dem Gelierzucker und dem Zitronensaft mischen. Die Mischung mindestens 1 Stunde abgedeckt Saft ziehen lassen.

◎ Nach der Ziehzeit den Topfinhalt unter gelegentlichem Rühren bei mittlerer Temperatur erwärmen, dann auf höchster Stufe unter ständigem Rühren zum Kochen bringen. Wenn das gesamte Kochgut unter Rühren kräftig sprudelt, weitere 4 Minuten sprudelnd kochen lassen und dabei immer gut rühren! Anschließend die Gelierprobe machen und nach Bedarf abschäumen.

◎ Nach erfolgreicher Gelierprobe die Marmelade sofort in die vorbereiteten, sterilisierten und heiß ausgespülten Gläser füllen. Mit den ebenfalls sterilisierten Deckeln verschließen und für etwa 5 Minuten kopfüber auf dem Deckel stehend ruhen lassen. Danach die Gläser wenden und vollständig abkühlen lassen.

INFO: Sie fragen sich, warum ich die Hälfte der Erdbeeren püriere? Wenn die Erdbeeren nur klein geschnitten werden, schwimmen beim Abkühlen alle Stücke im Glas an die Oberfläche – und im unteren Teil des Glases haben Sie dann nur noch Gelee. Diesen Effekt haben Sie nicht, wenn ein Teil der Beeren püriert wird.

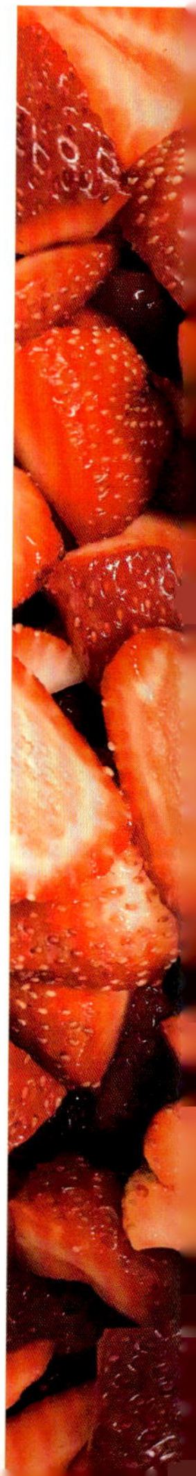

Erdbeere mit Sekt und weißer Schokolade

Für ca. 8–9 Gläser à 200 ml (ca. 1700 ml) ◎ *Haltbar: mind. 6 Monate*

850 g Erdbeeren ◎ 1 kg Gelierzucker 1:1 ◎ Saft von 1 Zitrone ◎ 50 g weiße Schokolade ◎ 100 ml Sekt

◎ Die Erdbeeren kurz (!) in viel kaltem Wasser waschen, putzen und in ein Abtropfsieb geben. Die Hälfte der Früchte je nach Größe vierteln oder achteln. Die übrigen Beeren mit einem Pürierstab zerkleinern. Alles zusammen in einem großen Topf mit dem Gelierzucker und dem Zitronensaft mischen. Die Mischung mindestens 1 Stunde abgedeckt Saft ziehen lassen.

◎ Inzwischen die weiße Schokolade grob hacken.

◎ Nach der Ziehzeit den Topfinhalt unter gelegentlichem Rühren bei mittlerer Temperatur erwärmen, dann auf höchster Stufe unter ständigem Rühren zum Kochen bringen. Wenn das gesamte Kochgut unter Rühren kräftig sprudelt, weitere 4 Minuten sprudelnd kochen lassen und dabei immer gut rühren! Anschließend die Gelierprobe machen und nach Bedarf abschäumen.

◎ Wenn die Gelierprobe gelungen ist, den Sekt und die gehackte Schokolade dazugeben und die Erdbeer-Sekt-Marmelade nur noch einmal kurz aufwallen lasen.

◎ Dann die Marmelade sofort in die vorbereiteten, sterilisierten und heiß ausgespülten Gläser füllen. Mit den ebenfalls sterilisierten Deckeln verschließen und für etwa 5 Minuten kopfüber auf dem Deckel stehend ruhen lassen. Danach die Gläser wenden und vollständig abkühlen lassen.

Erdbeere mit Prosecco

Für ca. 8–9 Gläser à 200 ml (ca. 1700 ml) ◎ *Haltbar: mind. 6 Monate*
720 g Erdbeeren ◎ 1 kg Gelierzucker 1:1 ◎ Saft von 1 Zitrone ◎ 200 ml Prosecco

◎ Die Erdbeeren kurz (!) in viel kaltem Wasser waschen, putzen und in ein Abtropfsieb geben. Die Hälfte der Früchte je nach Größe vierteln oder achteln. Die übrigen Beeren mit einem Pürierstab zerkleinern. Alles zusammen in einem großen Topf mit dem Gelierzucker und dem Zitronensaft mischen. Die Mischung mindestens 1 Stunde abgedeckt Saft ziehen lassen.

◎ Danach etwa zwei Drittel des Proseccos zu den Erdbeeren geben. Den Topfinhalt unter gelegentlichem Rühren bei mittlerer Temperatur erwärmen, dann auf höchster Stufe unter ständigem Rühren zum Kochen bringen. Wenn das gesamte Kochgut unter Rühren kräftig sprudelt, weitere 4 Minuten sprudelnd kochen lassen und dabei immer gut rühren! Anschließend die Gelierprobe machen und nach Bedarf abschäumen.

◎ Erst nach erfolgreicher Gelierprobe das letzte Drittel des Proseccos zur Marmelade geben. Kurz umrühren und dann die heiße Masse in die vorbereiteten, sterilisierten Gläser füllen. Mit den ebenfalls sterilisierten Deckeln verschließen und für etwa 5 Minuten kopfüber auf dem Deckel stehend ruhen lassen. Danach die Gläser wenden und vollständig abkühlen lassen.

Erdbeere mit Waldmeister

Für ca. 8–9 Gläser à 200 ml (ca. 1700 ml) ◎ *Haltbar: mind. 6 Monate*
1 große Handvoll angetrocknetes Waldmeisterkraut ◎ 720 g Erdbeeren ◎
1 kg Gelierzucker 1:1 ◎ Saft von 1 Zitrone

◎ Das Waldmeisterkraut mit 200 ml heißem Wasser übergießen und 8 Minuten ziehen lassen. Den Sud danach durch ein Sieb abgießen und die Flüssigkeit auffangen. Das Waldmeisterkraut ausdrücken, sobald die Blätter etwas abgekühlt sind.
◎ Die Erdbeeren kurz (!) in viel kaltem Wasser waschen, putzen und in ein Abtropfsieb geben. Die Hälfte der Früchte je nach Größe vierteln oder achteln. Die übrigen Beeren mit einem Pürierstab zerkleinern. Alles zusammen in einem großen Topf mit dem Gelierzucker und dem Zitronensaft mischen. Die Mischung mindestens 1 Stunde abgedeckt Saft ziehen lassen.
◎ Danach 200 ml Waldmeistersud zu den Erdbeeren geben. Den Topfinhalt unter gelegentlichem Rühren bei mittlerer Temperatur erwärmen, dann auf höchster Stufe unter ständigem Rühren zum Kochen bringen. Wenn das gesamte Kochgut unter Rühren kräftig sprudelt, die Erdbeer-Waldmeister-Marmelade für 4 Minuten kochen. Anschließend die Gelierprobe machen und nach Bedarf abschäumen.
◎ Nach erfolgreicher Gelierprobe die Marmelade sofort in die vorbereiteten, sterilisierten und heiß ausgespülten Gläser füllen. Mit den ebenfalls sterilisierten Deckeln verschließen und für etwa 5 Minuten kopfüber auf dem Deckel stehend ruhen lassen. Danach die Gläser wenden und vollständig abkühlen lassen.

Erdbeere mit Tahiti-Vanille

Für ca. 8–9 Gläser à 200 ml (ca. 1700 ml) ◎ *Haltbar: mind. 6 Monate*
1 kg Erdbeeren ◎ 1 kg Gelierzucker 1:1 ◎ Saft von 1 Zitrone ◎ 1 Tahiti-Vanilleschote

◎ Die Erdbeeren kurz (!) in viel kaltem Wasser waschen, putzen und in ein Abtropfsieb geben. Die Hälfte der Früchte je nach Größe vierteln oder achteln. Die übrigen Beeren mit einem Pürierstab zerkleinern. Alles zusammen in einem großen Topf mit dem Gelierzucker und dem Zitronensaft mischen. Die Mischung mindestens 1 Stunde abgedeckt Saft ziehen lassen.
◎ Danach die Tahiti-Vanilleschote einschneiden und zu den Erdbeeren geben. Den Topfinhalt unter gelegentlichem Rühren bei mittlerer Temperatur erwärmen, dann auf höchster Stufe unter ständigem Rühren zum Kochen bringen. Wenn das gesamte Kochgut unter Rühren kräftig sprudelt, weitere 4 Minuten sprudelnd kochen lassen und dabei immer gut rühren!
◎ Die Schote herausnehmen, auskratzen und das Mark in einer kleinen Schüssel zuerst mit einer kleinen Menge der Marmelade mischen, diese dann zurück in den Topf geben und gut verrühren und noch einmal kurz aufkochen. Anschließend die Gelierprobe machen.
◎ Nach erfolgreicher Gelierprobe die Marmelade sofort in die vorbereiteten, sterilisierten und heiß ausgespülten Gläser füllen. Mit den ebenfalls sterilisierten Deckeln verschließen und für etwa 5 Minuten kopfüber auf dem Deckel stehend ruhen lassen. Danach die Gläser wenden und vollständig abkühlen lassen.

Felsenbirne pur

Für ca. 8–9 Gläser à 200 ml (ca. 1700 ml) ◎ Haltbar: mind. 18 Monate

1 kg Felsenbirnen, frisch gesammelt ◎ 1 kg Gelierzucker 1:1 ◎ Saft von 1 Zitrone

◎ Die gesammelten Felsenbirnen noch mal trocken verlesen, um Stiele, Blätter oder unschöne Früchte zu entfernen, erst dann waschen. In einem Sieb abtropfen lassen, dann in einen großen Topf geben und mit dem Pürierstab grob zerkleinern. Mit dem Gelierzucker und Zitronensaft mischen und mindestens 1 Stunde Saft ziehen lassen.

◎ Nach der Ziehzeit den Topfinhalt unter gelegentlichem Rühren bei mittlerer Temperatur erwärmen, dann auf höchster Stufe unter ständigem Rühren zum Kochen bringen. Wenn das gesamte Kochgut unter Rühren kräftig sprudelt, weitere 4 Minuten sprudelnd kochen lassen und dabei immer rühren! (Achtung: Die Masse spritzt beim Kochen und brennt sehr leicht an!) Anschließend die Gelierprobe machen und nach Bedarf abschäumen.

◎ Nach erfolgreicher Gelierprobe die Marmelade noch einmal aufwallen lassen, dann sofort in die vorbereiteten, sterilisierten und heiß ausgespülten Gläser füllen. Mit den ebenfalls sterilisierten Deckeln verschließen und für etwa 5 Minuten kopfüber auf dem Deckel stehend ruhen lassen. Dann die Gläser wenden und vollständig abkühlen lassen.

INFO: Falls Sie Felsenbirnen noch nicht kennen: Im zeitigen Frühjahr erkennen Sie den meist bis zwei Meter hohen Strauch an seinen kleinen sternförmigen, weißen Blütendolden. Je nach Witterung werden ab Juni/Juli die etwa heidelbeergroßen, purpurroten bis blauschwarzen Früchte reif. Der Geschmack der saftig-süßen Früchte erinnert an den von Heidelbeeren, mit einem Hauch von Marzipan. Und obendrein sind sie, wie alle Wildfrüchte, auch noch sehr gesund.

Erdbeere mit Himbeere

Für ca. 8–9 Gläser à 200 ml (ca. 1700 ml) ◎ *Haltbar: mind. 6 Monate*
650 g Erdbeeren ◎ 350 g Himbeeren ◎ 1 kg Gelierzucker 1:1 ◎ Saft von 1 Zitrone

◎ Die Erdbeeren kurz (!) in viel kaltem Wasser waschen, putzen und in ein Abtropfsieb geben. Die Hälfte der Früchte je nach Größe vierteln oder achteln. Die übrigen Beeren mit einem Pürierstab zerkleinern. Die Himbeeren verlesen (aber nicht waschen). Die Erdbeeren, das Erdbeerpüree und die Himbeeren in einem großen Topf mit dem Gelierzucker und dem Zitronensaft mischen. Die Mischung mindestens 1 Stunde abgedeckt Saft ziehen lassen.

◎ Nach der Ziehzeit den Topfinhalt unter gelegentlichem Rühren bei mittlerer Temperatur erwärmen, dann auf höchster Stufe unter ständigem Rühren zum Kochen bringen. Wenn das gesamte Kochgut unter Rühren kräftig sprudelt, weitere 4 Minuten sprudelnd kochen lassen und dabei immer gut rühren! Anschließend die Gelierprobe machen und nach Bedarf abschäumen. Nach erfolgreicher Gelierprobe die Marmelade sofort in die vorbereiteten, sterilisierten und heiß ausgespülten Gläser füllen. Mit den ebenfalls sterilisierten Deckeln verschließen und für etwa 5 Minuten kopfüber auf dem Deckel stehend ruhen lassen. Danach die Gläser wenden und vollständig abkühlen lassen.

INFO: Himbeeren sind etwas säuerlicher als die zuckersüßen Erdbeeren. Ganz nach Ihrem Geschmack können Sie die Teilmenge der beiden Beerenarten auch verändern. Auf jeden Fall muss die Menge der beiden Beerensorten zusammen 1 kg ergeben.

Unser Elfengruß – Beeren und Holunder

Der Name »Elfengruß« ist entstanden, weil meine Kinder sich vorgestellt haben, eine kleine Elfe würde durch den Wald laufen und all die leckeren Beeren pflücken. Vielleicht fühlen Sie sich ja auch wie eine Elfe, wenn Sie diese Marmelade kochen.

Für ca. 8–9 Gläser à 200 ml (ca. 1700 ml) ◎ *Haltbar: mind. 18 Monate*
250 g Heidelbeeren ◎ 250 g reife Himbeeren ◎ 250 g Brombeeren ◎ 150 ml Holunderbeerensaft ◎ 1 kg Gelierzucker 1:1 ◎ Saft von 1 Zitrone

◎ Die Heidelbeeren verlesen und kurz in viel kaltem Wasser waschen. Die Himbeeren und Brombeeren ebenfalls verlesen (aber nicht waschen). Die gesamten Beeren in einen großen Topf geben und leicht zerdrücken. Dann den Gelierzucker und den Zitronensaft hinzufügen und die Zutaten vermischen. Die Mischung mindestens 1 Stunde abgedeckt Saft ziehen lassen.

◎ Danach den Holunderbeerensaft zugießen und die Zutaten verrühren. Den Topfinhalt unter gelegentlichem Rühren bei mittlerer Temperatur erwärmen, dann auf höchster Stufe unter ständigem Rühren zum Kochen bringen. Wenn das gesamte Kochgut unter Rühren kräftig sprudelt, weitere 4 Minuten sprudelnd kochen lassen und dabei immer gut rühren! Anschließend die Gelierprobe machen und nach Bedarf abschäumen.

◎ Nach erfolgreicher Gelierprobe die Marmelade sofort in die vorbereiteten, sterilisierten und heiß ausgespülten Gläser füllen. Mit den ebenfalls sterilisierten Deckeln verschließen und für etwa 5 Minuten kopfüber auf dem Deckel stehend ruhen lassen. Danach die Gläser wenden und vollständig abkühlen lassen.

Holundergelee

Für ca. 7 Gläser à 200 ml (ca. 1400 ml) ◎ Haltbar: mind. 18 Monate

700 ml Holunderbeerensaft (siehe Seite 182) ◎ 1 kg Gelierzucker 1:1 ◎
1 EL frisch gepresster Zitronensaft

◎ Holunderbeerensaft, Gelierzucker und Zitronensaft in einem großen Topf mischen. Die Mischung unter gelegentlichem Rühren bei mittlerer Temperatur erwärmen, dann auf höchster Stufe unter ständigem Rühren zum Kochen bringen. Wenn das gesamte Kochgut unter Rühren kräftig sprudelt, weitere 4 Minuten sprudelnd kochen lassen und dabei immer gut rühren! Anschließend die Gelierprobe machen und das Gelee abschäumen.

◎ Nach erfolgreicher Gelierprobe das Gelee sofort in die vorbereiteten, sterilisierten und heiß ausgespülten Gläser füllen. Mit den ebenfalls sterilisierten Deckeln verschließen und für etwa 5 Minuten kopfüber auf dem Deckel stehend ruhen lassen. Dann die Gläser wenden und vollständig abkühlen lassen.

Holundergelee mit Sekt und Limette

Für ca. 7 Gläser à 200 ml (ca. 1400 ml) ◎ *Haltbar: mind. 18 Monate*

1 unbehandelte Limette ◎ 600 ml Holunderbeerensaft (siehe Seite 182) ◎ 1 kg Gelierzucker 1:1 ◎ 100 ml trockener Sekt

◎ Die Limette heiß abwaschen und die Schale fein abreiben. Den Saft auspressen.

◎ Holunderbeerensaft, Gelierzucker, Limettenschale und Limettensaft in einem großen Topf mischen. Die Mischung unter gelegentlichem Rühren bei mittlerer Temperatur erwärmen, dann auf höchster Stufe unter ständigem Rühren zum Kochen bringen. Wenn das gesamte Kochgut unter Rühren kräftig sprudelt, weitere 4 Minuten sprudelnd kochen lassen und dabei immer gut rühren! Anschließend die Gelierprobe machen und nach Bedarf abschäumen

◎ Erst nach erfolgreicher Gelierprobe den Sekt hinzufügen. Das Gelee noch einmal kurz aufwallen lassen und dann sofort in die vorbereiteten, sterilisierten und heiß ausgespülten Gläser füllen. Mit den ebenfalls sterilisierten Deckeln verschließen und für etwa 5 Minuten auf dem Deckel stehend ruhen lassen. Dann wenden und vollständig abkühlen lassen.

Heidelbeere pur

Für ca. 8–9 Gläser à 200 ml (ca. 1700 ml) ◎ Haltbar: mind. 18 Monate

1 kg frische, reife, dunkelblaue Heidelbeeren ◎ 1 kg Gelierzucker 1:1 ◎ Saft von 1 Zitrone

◎ Die Heidelbeeren verlesen und kurz in viel kaltem Wasser waschen. Die Beeren in einen großen Topf geben und leicht zerdrücken. Dann mit dem Gelierzucker und dem Zitronensaft vermischen. Die Mischung mindestens 1 Stunde abgedeckt Saft ziehen lassen.

◎ Nach der Ziehzeit den Topfinhalt unter gelegentlichem Rühren bei mittlerer Temperatur erwärmen, dann auf höchster Stufe unter ständigem Rühren zum Kochen bringen. Wenn das gesamte Kochgut unter Rühren kräftig sprudelt, weitere 4 Minuten sprudelnd kochen lassen und dabei immer gut rühren! Anschließend die Gelierprobe machen und nach Bedarf abschäumen.

◎ Nach erfolgreicher Gelierprobe die Marmelade sofort in die vorbereiteten, sterilisierten und heiß ausgespülten Gläser füllen. Mit den ebenfalls sterilisierten Deckeln verschließen und für etwa 5 Minuten kopfüber auf dem Deckel stehend ruhen lassen. Danach die Gläser wenden und vollständig abkühlen lassen.

TIPP: Auch hier gilt wieder: Kulturheidelbeeren sind wunderschön blau und herrlich anzuschauen, aber sie können einer Waldheidelbeere geschmacklich nicht das Wasser reichen. Falls Sie also auf dem Wochenmarkt Waldheidelbeeren bekommen können, sollten Sie unbedingt zugreifen – oder aber die Beeren selbst sammeln. Es lohnt sich auf jeden Fall!
Wichtig: Waldheidelbeeren nur verlesen und nicht waschen!

Heidelbeere mit Thymian

Für ca. 8–9 Gläser à 200 ml (ca. 1700 ml) ◎ Haltbar: mind. 18 Monate

1 kg frische, reife, dunkelblaue Heidelbeeren ◎ 1 kg Gelierzucker 1:1 ◎ Saft von 1 Zitrone ◎ 3–5 Zweige frischer Thymian

◎ Die Heidelbeeren verlesen und kurz in viel kaltem Wasser waschen. Die Beeren in einen großen Topf geben und leicht zerdrücken. Dann den Gelierzucker und den Zitronensaft hinzufügen und die Zutaten vermischen. Die Mischung mindestens 1 Stunde abgedeckt Saft ziehen lassen.

◎ Die feinen Blättchen des frischen Thymians von den Zweigen abzupfen. Blättchen und Stiele getrennt beiseitelegen. Die Stiele mit Küchengarn zusammenbinden, so lassen sie sich später leichter entfernen.

◎ Nach der Ziehzeit die Thymianstiele zur Beeren-Zucker-Mischung geben. Den Topfinhalt unter gelegentlichem Rühren bei mittlerer Temperatur erwärmen, dann auf höchster Stufe unter ständigem Rühren zum Kochen bringen. Wenn das gesamte Kochgut unter Rühren kräftig sprudelt, weitere 4 Minuten sprudelnd kochen lassen und dabei immer gut rühren! Anschließend die Thymianstiele entfernen und dafür die Thymianblättchen zugeben. Zuletzt die Gelierprobe machen.

◎ Nach erfolgreicher Gelierprobe die Marmelade sofort in die vorbereiteten, sterilisierten und heiß ausgespülten Gläser füllen. Mit den ebenfalls sterilisierten Deckeln verschließen und für etwa 5 Minuten kopfüber auf dem Deckel stehend ruhen lassen. Danach die Gläser wenden und vollständig abkühlen lassen.

Himbeere pur

Für ca. 8–9 Gläser à 200 ml (ca. 1700 ml) ◎ Haltbar: mind. 18 Monate

1 kg frische, reife Himbeeren ◎ 1 kg Gelierzucker 1:1 ◎ Saft von 1 Zitrone

◎ Die Himbeeren verlesen (aber nicht waschen) und in einem großen Topf mit dem Gelierzucker und dem Zitronensaft mischen. Die Mischung mindestens 1 Stunde abgedeckt Saft ziehen lassen.

◎ Nach der Ziehzeit den Topfinhalt unter gelegentlichem Rühren bei mittlerer Temperatur erwärmen, dann auf höchster Stufe unter ständigem Rühren zum Kochen bringen. Wenn das gesamte Kochgut unter Rühren kräftig sprudelt, weitere 4 Minuten sprudelnd kochen lassen und dabei immer gut rühren! Anschließend die Gelierprobe machen und nach Bedarf abschäumen.

◎ Nach erfolgreicher Gelierprobe die Marmelade sofort in die vorbereiteten, sterilisierten und heiß ausgespülten Gläser füllen. Mit den ebenfalls sterilisierten Deckeln verschließen und für etwa 5 Minuten kopfüber auf dem Deckel stehend ruhen lassen. Danach die Gläser wenden und vollständig abkühlen lassen.

Himbeere mit Waldhimbeergeist

Für ca. 8–9 Gläser à 200 ml (ca. 1700 ml) ◎ Haltbar: mind. 18 Monate

1 kg frische, reife Himbeeren ◎ 1 kg Gelierzucker 1:1 ◎ Saft von 1 Zitrone ◎ 30 g Waldhimbeergeist

◎ Die Himbeeren verlesen (aber nicht waschen) und in einem großen Topf mit dem Gelierzucker und dem Zitronensaft mischen. Die Mischung mindestens 1 Stunde abgedeckt Saft ziehen lassen.

◎ Nach der Ziehzeit den Topfinhalt unter gelegentlichem Rühren bei mittlerer Temperatur erwärmen, dann auf höchster Stufe unter ständigem Rühren zum Kochen bringen. Wenn das gesamte Kochgut unter Rühren kräftig sprudelt, weitere 4 Minuten sprudelnd kochen lassen und dabei immer gut rühren! Anschließend die Gelierprobe machen und nach Bedarf abschäumen.

◎ Erst nach erfolgreicher Gelierprobe den Waldhimbeergeist schnell und gründlich unterrühren. Die heiße Masse sofort in die vorbereiteten, sterilisierten und heiß ausgespülten Gläser füllen. Mit den ebenfalls sterilisierten Deckeln verschließen und für etwa 5 Minuten auf dem Deckel stehend ruhen lassen. Dann wenden und vollständig abkühlen lassen.

INFO: Himbeergeist ist ein Obstgeist. Er wird durch die Destillation von Neutralalkohol (Korn) und frischen, unvergorenen Himbeeren gewonnen. Der Alkoholgehalt liegt bei mindestens 40 Vol.-%. Es dürfen keine Aromen oder Farbstoffe zugesetzt werden. Kleine, feine Waldhimbeeren ergeben einen ganz besonderen, sehr aromatischen Himbeergeist.

Himbeere mit Rosenblüten

Für ca. 8–9 Gläser à 200 ml (ca. 1700 ml) ◎ *Haltbar: mind. 18 Monate*

700 g Himbeeren ◎ 1 kg Gelierzucker 1:1 ◎ Saft von ½ Zitrone ◎ 5 große Duftrosenblüten

◎ Die Himbeeren verlesen (aber nicht waschen), dabei eventuell Blütenreste oder überreife Beeren aussortieren. Anschließend in einem großen Topf mit dem Gelierzucker und dem Zitronensaft mischen. Die Mischung mindestens 1 Stunde abgedeckt Saft ziehen lassen.

◎ In der Zwischenzeit 200 ml Wasser in einem mittleren Topf zum Kochen bringen. Sobald der Siedepunkt erreicht ist, die Blütenblätter hineingeben. (Im ersten Moment werden Sie vermutlich denken, dass die vielen Rosenblütenblätter nie in das bisschen Wasser passen – aber die Blütenblätter fallen völlig zusammen – und passen dann eben doch hinein.) Einmal kurz aufwallen lassen, dann von der Kochstelle nehmen und den Topfinhalt abgedeckt erkalten lassen. Die Rosenblüten geben dabei ihr Aroma und ihre Farbe an die Kochflüssigkeit ab und bekommen eine fast ledrige Konsistenz.

◎ Die erkalteten Blütenblätter aus dem Wasser nehmen und in sehr kleine Stücke schneiden. Dann zusammen mit dem Rosenblätterkochsud zur Himbeer-Zucker-Masse geben. Den Topfinhalt unter gelegentlichem Rühren bei mittlerer Temperatur erwärmen, dann auf höchster Stufe unter ständigem Rühren zum Kochen bringen. Wenn das gesamte Kochgut unter Rühren kräftig sprudelt, weitere 4 Minuten sprudelnd kochen lassen und dabei immer gut rühren! Anschließend die Gelierprobe machen.

◎ Nach erfolgreicher Gelierprobe die Marmelade sofort in die vorbereiteten, sterilisierten und heiß ausgespülten Gläser füllen. Mit den ebenfalls sterilisierten Deckeln verschließen und für etwa 5 Minuten kopfüber auf dem Deckel stehend ruhen lassen. Danach die Gläser wenden und vollständig abkühlen lassen.

Himbeere mit Sekt und weißer Schokolade

Für ca. 8–9 Gläser à 200 ml (ca. 1700 ml) ◎ *Haltbar: mind. 18 Monate*

850 g Himbeeren ◎ 1 kg Gelierzucker 1:1 ◎ Saft von 1 Zitrone ◎
50 g weiße Schokolade ◎ 100 ml Sekt

◎ Die Himbeeren verlesen (aber nicht waschen) und in einem großen Topf mit dem Gelierzucker und dem Zitronensaft mischen. Die Mischung mindestens 1 Stunde abgedeckt Saft ziehen lassen. Inzwischen die weiße Schokolade grob hacken.

◎ Nach der Ziehzeit etwa zwei Drittel des Proseccos zu den Himbeeren geben. Den Topfinhalt unter gelegentlichem Rühren bei mittlerer Temperatur erwärmen, dann auf höchster Stufe unter ständigem Rühren zum Kochen bringen. Wenn das gesamte Kochgut unter Rühren kräftig sprudelt, weitere 4 Minuten sprudelnd kochen lassen und dabei immer gut rühren! Anschließend die Gelierprobe machen und abschäumen.

◎ Nun die gehackte Schokolade und den restlichen Sekt dazugeben und schnell mit der Himbeermarmelade verrühren.

◎ Dann die Marmelade sofort in die vorbereiteten, sterilisierten und heiß ausgespülten Gläser füllen. Mit den ebenfalls sterilisierten Deckeln verschließen und für etwa 5 Minuten kopfüber auf dem Deckel stehend ruhen lassen. Danach die Gläser wenden und vollständig abkühlen lassen.

INFO: Bei der Herstellung weißer Schokolade wird nicht die ganze Kakaomasse verwendet, sondern nur die daraus gewonnene Kakaobutter zusammen mit bestimmten Milchbestandteilen und Zucker. Sie enthält mindestens 20 % Kakaobutter sowie 14 % Trockenmilchanteil und mindestens 3,5 % Milchfett.

Himbeergelee

Für ca. 7 Gläser à 200 ml (ca. 1400 ml) ◎ *Haltbar: mind. 18 Monate*

700 ml Himbeersaft ◎ 1 kg Gelierzucker 1:1 ◎ 1 EL frisch gepresster Zitronensaft

◎ Himbeersaft, Gelierzucker und Zitronensaft in einem großen Topf mischen. Die Mischung unter gelegentlichem Rühren bei mittlerer Temperatur erwärmen, dann auf höchster Stufe unter ständigem Rühren zum Kochen bringen. Wenn das gesamte Kochgut unter Rühren kräftig sprudelt, weitere 4 Minuten sprudelnd kochen lassen und dabei immer gut rühren! Anschließend die Gelierprobe machen und das Gelee abschäumen.

◎ Nach erfolgreicher Gelierprobe das Gelee sofort in die vorbereiteten, sterilisierten und heiß ausgespülten Gläser füllen. Mit den ebenfalls sterilisierten Deckeln verschließen und für etwa 5 Minuten kopfüber auf dem Deckel stehend ruhen lassen. Dann die Gläser wenden und vollständig abkühlen lassen.

Himbeer-Rhabarber-Gelee

Für ca. 7 Gläser à 200 ml (ca. 1400 ml) ◎ *Haltbar: mind. 18 Monate*

600 g reife Himbeeren ◎ ca. 450 g Rhabarberstangen ◎ 1 kg Gelierzucker 1:1 ◎ Saft von 1 Zitrone

◎ Die Himbeeren gut verlesen (aber nicht waschen). Die Rhabarberstangen waschen, mit der Messerspitze unter die Schale stechen und in dünnen Fäden abziehen. 400 g Rhabarber abwiegen, klein schneiden und zusammen mit 100 ml Wasser in einem Topf auf höchster Stufe erhitzen. Dann die Temperatur reduzieren und die Früchte mit aufgelegtem Deckel für etwa 10 Minuten köcheln lassen. Achtung: Temperatur so wählen, dass die kochende Masse nicht aus dem Topf quillt!

◎ Die gekochten Himbeeren und Rhabarber in ein Sieb gießen und die Flüssigkeit auffangen, die Masse nicht ausdrücken! (Reste aus dem Sieb mit Joghurt oder Quark genießen!) Die aufgefangene Flüssigkeit abkühlen lassen.

◎ 700 ml Erdbeer-Rhabarber-Sud in einem großen Topf mit dem Gelierzucker und dem Zitronensaft mischen. Die Mischung unter gelegentlichem Rühren bei mittlerer Temperatur erwärmen, dann auf höchster Stufe unter ständigem Rühren zum Kochen bringen. Wenn das gesamte Kochgut unter Rühren kräftig sprudelt, weitere 4 Minuten sprudelnd kochen lassen und dabei immer gut rühren! Anschließend die Gelierprobe machen und nach Bedarf abschäumen.

◎ Nach erfolgreicher Gelierprobe das Gelee sofort in die vorbereiteten, sterilisierten und heiß ausgespülten Gläser füllen. Mit den ebenfalls sterilisierten Deckeln verschließen und für etwa 5 Minuten kopfüber auf dem Deckel stehend ruhen lassen. Dann die Gläser wenden und vollständig abkühlen lassen.

Gelee von roten Johannisbeeren

Für ca. 8 Gläser à 200 ml (ca. 1600 ml) ◎ *Haltbar: mind. 18 Monate*
1 l roter Johannisbeersaft (siehe Seite 184) ◎ 1 kg Gelierzucker 1:1 ◎
1 EL frisch gepresster Zitronensaft

◎ Johannisbeersaft, Gelierzucker und Zitronensaft in einem großen Topf mischen. Die Mischung unter gelegentlichem Rühren bei mittlerer Temperatur erwärmen, dann auf höchster Stufe unter ständigem Rühren zum Kochen bringen. Wenn das gesamte Kochgut unter Rühren kräftig sprudelt, weitere 4 Minuten sprudelnd kochen lassen und dabei immer gut rühren! Anschließend die Gelierprobe machen und das Gelee abschäumen.

◎ Nach erfolgreicher Gelierprobe das Gelee sofort in die vorbereiteten, sterilisierten und heiß ausgespülten Gläser füllen. Mit den ebenfalls sterilisierten Deckeln verschließen und für etwa 5 Minuten kopfüber auf dem Deckel stehend ruhen lassen. Dann die Gläser wenden und vollständig abkühlen lassen.

Johannisbeere mit Prosecco und Verveine

Für ca. 8–9 Gläser à 200 ml (ca. 1700 ml) ◎ *Haltbar: mind. 18 Monate*

720 g rote Johannisbeeren ◎ 1 kg Gelierzucker 1:1 ◎ 1 EL frisch gepresster Zitronensaft ◎ 1 Handvoll frische Verveineblätter (alternativ 2 TL getrocknete Verveineblätter, erhältlich als Tee) ◎ 200 ml Prosecco

◎ Die Johannisbeeren waschen und verlesen. Die Beeren in einen großen Topf geben und leicht zerdrücken. Dann mit dem Gelierzucker und dem Zitronensaft vermischen. Die Mischung mindestens 1 Stunde abgedeckt Saft ziehen lassen. Inzwischen die Verveineblätter fein hacken.

◎ Nach der Ziehzeit 150 ml Prosecco und die Verveineblätter zu den Johannisbeeren geben. Den Topfinhalt unter gelegentlichem Rühren bei mittlerer Temperatur erwärmen, dann auf höchster Stufe unter ständigem Rühren zum Kochen bringen. Wenn das gesamte Kochgut unter Rühren kräftig sprudelt, weitere 4 Minuten sprudelnd kochen lassen und dabei immer gut rühren! Anschließend die Gelierprobe machen.

◎ Nach erfolgreicher Gelierprobe den restlichen Prosecco schnell und gründlich unterrühren. Die heiße Masse sofort in die vorbereiteten, sterilisierten und heiß ausgespülten Gläser füllen. Mit den ebenfalls sterilisierten Deckeln verschließen und für etwa 5 Minuten auf dem Deckel stehend ruhen lassen. Dann wenden und vollständig abkühlen lassen.

INFO: Verveine wird auch Zitronenstrauch, Zitronenduftstrauch oder Zitronenverbene genannt und ist eine Pflanze aus der Familie der Eisenkrautgewächse. Zitronenverbenen enthalten intensives, frisch nach Zitrone duftendes ätherisches Öl. Sie bekommen die Pflanze in kleinen Töpfen, wie alle Kräuter, bei Ihrem Gärtner oder auf dem Wochenmarkt. Die Pflanze ist in unseren Breiten leider nicht unbedingt winterhart, schafft es aber an einer geschützten Stelle im Garten aufgepflanzt schon auch mal durch einen milden Winter.

Schwarze Johannisbeere pur

Für ca. 8–9 Gläser à 200 ml (ca. 1700 ml) ◎ Haltbar: mind. 18 Monate
1 kg frische, reife, schwarze Johannisbeeren ◎ 1 kg Gelierzucker 1:1 ◎
Saft von 1 Zitrone

◎ Die Johannisbeeren kurz in kaltem Wasser waschen. Die Beeren von den Stielen streifen, dabei die unreifen Beeren entfernen. Die Beeren in einen großen Topf geben und leicht zerdrücken. Dann den Gelierzucker und den Zitronensaft hinzufügen und die Zutaten vermischen. Die Mischung mindestens 1 Stunde abgedeckt Saft ziehen lassen.
◎ Nach der Ziehzeit den Topfinhalt unter gelegentlichem Rühren bei mittlerer Temperatur erwärmen, dann auf höchster Stufe unter ständigem Rühren zum Kochen bringen. Wenn das gesamte Kochgut unter Rühren kräftig sprudelt, weitere 4 Minuten sprudelnd kochen lassen und dabei immer gut rühren! Anschließend die Gelierprobe machen und nach Bedarf abschäumen.
◎ Nach erfolgreicher Gelierprobe die Marmelade sofort in die vorbereiteten, sterilisierten und heiß ausgespülten Gläser füllen. Mit den ebenfalls sterilisierten Deckeln verschließen und für etwa 5 Minuten kopfüber auf dem Deckel stehend ruhen lassen. Danach die Gläser wenden und vollständig abkühlen lassen.

TIPP: Schwarze Johannisbeeren gelieren in der Regel sehr gut. Manchmal sogar zu gut. Dann empfiehlt es sich, die fertige Marmelade mit etwas(!) Wasser zu verdünnen.

Schwarze Johannisbeere mit Cassis

Für ca. 8–9 Gläser à 200 ml (ca. 1700 ml) ◎ Haltbar: mind. 18 Monate
1 kg frische, reife, schwarze Johannisbeeren ◎ 1 kg Gelierzucker 1:1 ◎
Saft von 1 Zitrone ◎ 30 g Crème de Cassis (Johannisbeerlikör)

◎ Die Johannisbeeren kurz in kaltem Wasser waschen. Die Beeren von den Stielen streifen, dabei die unreifen Beeren entfernen. Die gesamten Beeren in einen großen Topf geben und leicht zerdrücken. Dann den Gelierzucker und den Zitronensaft hinzufügen und die Zutaten vermischen. Die Mischung mindestens 1 Stunde abgedeckt Saft ziehen lassen.
◎ Nach der Ziehzeit den Topfinhalt unter gelegentlichem Rühren bei mittlerer Temperatur erwärmen, dann auf höchster Stufe unter ständigem Rühren zum Kochen bringen. Wenn das gesamte Kochgut unter Rühren kräftig sprudelt, weitere 4 Minuten sprudelnd kochen lassen und dabei immer gut rühren! Anschließend die Gelierprobe machen und bei Bedarf abschäumen.
◎ Erst nach erfolgreicher Gelierprobe die Crème de Cassis schnell und gründlich unterrühren. Die heiße Masse sofort in die vorbereiteten, sterilisierten und heiß ausgespülten Gläser füllen. Mit den ebenfalls sterilisierten Deckeln verschließen und für etwa 5 Minuten auf dem Deckel stehend ruhen lassen. Dann wenden und vollständig abkühlen lassen.

INFO: Crème de Cassis (Cassis ist das französische Wort für Schwarze Johannisbeere) ist ein Likör mit etwa 20 Vol.-% Alkohol. Er wird auch zur Zubereitung der Cocktails Kir oder Kir Royal verwendet.

Rote Stachelbeere pur

Für ca. 8–9 Gläser à 200 ml (ca. 1700 ml) ◎ Haltbar: mind. 18 Monate

1 kg rote Stachelbeeren ◎ 1 kg Gelierzucker 1:1 ◎ Saft von 1 Zitrone

◎ Die Stachelbeeren waschen und putzen, dabei mit einem scharfen Küchenmesser von jeder einzelnen Beere den Stiel- und den Blütenansatz abschneiden. Die Beeren quer halbieren und in einem Topf mit dem Gelierzucker und dem Zitronensaft mischen. Die Mischung abgedeckt etwa 1 Stunde Saft ziehen lassen.

◎ Nach dieser Zeit den Topfinhalt unter gelegentlichem Rühren bei mittlerer Temperatur erwärmen, dann auf höchster Stufe unter ständigem Rühren zum Kochen bringen. Wenn das gesamte Kochgut unter Rühren kräftig sprudelt, weitere 4 Minuten sprudelnd kochen lassen und dabei immer gut rühren! Anschließend die Gelierprobe machen und die Marmelade abschäumen.

◎ Nach erfolgreicher Gelierprobe die Marmelade sofort in die vorbereiteten, sterilisierten und heiß ausgespülten Gläser füllen. Mit den ebenfalls sterilisierten Deckeln verschließen und für etwa 5 Minuten kopfüber auf dem Deckel stehend ruhen lassen. Danach die Gläser wenden und vollständig abkühlen lassen.

TIPP: Rote Stachelbeeren sind nicht so säuerlich-herb wie ihre grüne Verwandtschaft. Diese Stachelbeer-Marmelade ist wieder mal ziemlich stückig, weil die Beerenhälften nicht sehr verkochen – ggf. müssen Sie sie noch kurz mit dem Pürierstab bearbeiten.

Grüne Stachelbeere mit Riesling

Für ca. 8–9 Gläser à 200 ml (ca. 1700 ml) ◎ *Haltbar: mind. 18 Monate*

670 g grüne Stachelbeeren ◎ 230 ml Riesling ◎ 1 kg Gelierzucker 1:1 ◎ Saft von 1 Zitrone

◎ Die Stachelbeeren waschen und putzen, dabei mit einem scharfen Küchenmesser von jeder einzelnen Beere den Stiel- und den Blütenansatz abschneiden. Die Beeren mit dem Pürierstab grob zerkleinern und mit dem Riesling, dem Gelierzucker und dem Zitronensaft in einem Topf mischen. Die Mischung abgedeckt etwa 1 Stunde Saft ziehen lassen.

◎ Nach dieser Zeit den Topfinhalt unter gelegentlichem Rühren bei mittlerer Temperatur erwärmen, dann auf höchster Stufe unter ständigem Rühren zum Kochen bringen. Wenn das gesamte Kochgut unter Rühren kräftig sprudelt, weitere 4 Minuten sprudelnd kochen lassen und dabei immer gut rühren! Anschließend die Gelierprobe machen und die Marmelade abschäumen.

◎ Nach erfolgreicher Gelierprobe die Marmelade sofort in die vorbereiteten, sterilisierten und heiß ausgespülten Gläser füllen. Mit den ebenfalls sterilisierten Deckeln verschließen und für etwa 5 Minuten kopfüber auf dem Deckel stehend ruhen lassen. Danach die Gläser wenden und vollständig abkühlen lassen.

Traubengelee

Für ca. 7 Gläser à 200 ml (ca. 1400 ml) ◉ Haltbar: mind. 18 Monate
700 ml Traubensaft ◉ 1 kg Gelierzucker 1:1 ◉ Saft von 1 Zitrone

◉ Traubensaft, Gelierzucker und Zitronensaft in einem großen Topf mischen. Die Mischung unter gelegentlichem Rühren bei mittlerer Temperatur erwärmen, dann auf höchster Stufe unter ständigem Rühren zum Kochen bringen. Wenn das gesamte Kochgut unter Rühren kräftig sprudelt, weitere 2–3 Minuten sprudelnd kochen lassen und dabei immer rühren! Anschließend die Gelierprobe machen und nach Bedarf abschäumen.
◉ Nach erfolgreicher Gelierprobe das Gelee sofort in die vorbereiteten, sterilisierten und heiß ausgespülten Gläser füllen. Mit den ebenfalls sterilisierten Deckeln verschließen und für etwa 5 Minuten kopfüber auf dem Deckel stehend ruhen lassen. Dann die Gläser wenden und vollständig abkühlen lassen.

Traubengelee mit Grappa

Für ca. 7 Gläser à 200 ml (ca. 1400 ml) ◉ Haltbar: mind. 18 Monate
700 ml Traubensaft (siehe Seite 187) oder 1 kg Traubenpüree (siehe Seite 52)
1 kg Gelierzucker 1:1 ◉ Saft von 1 Zitrone ◉ 30 g Grappa

◉ Traubensaft oder -mark, Gelierzucker und Zitronensaft in einem großen Topf mischen. Die Mischung unter gelegentlichem Rühren bei mittlerer Temperatur erwärmen, dann auf höchster Stufe unter ständigem Rühren zum Kochen bringen. Wenn das gesamte Kochgut unter Rühren kräftig sprudelt, weitere 3 Minuten sprudelnd kochen lassen und dabei immer rühren! Anschließend die Gelierprobe machen und nach Bedarf abschäumen.
◉ Erst nach erfolgreicher Gelierprobe den Grappa hinzufügen und kräftig unterrühren. Die heiße Masse sofort in die vorbereiteten, sterilisierten und heiß ausgespülten Gläser füllen. Mit den ebenfalls sterilisierten Deckeln verschließen und für etwa 5 Minuten auf dem Deckel stehend ruhen lassen. Dann wenden und vollständig abkühlen lassen.

INFO: Grappa passt aus meiner Sicht am besten zu einem Fruchtaufstrich aus Trauben – wird er doch aus den vergorenen Überresten der Trauben, die bei der Weinherstellung anfallen, gebrannt. Und »Grappa« hört sich ja auch viel besser an als »Tresterschnaps«.

Traube mit Zartbitterschokolade und gerösteten Mandeln

Für ca. 8–9 Gläser à 200 ml (ca. 1700 ml) ◎ *Haltbar: mind. 18 Monate*
Für das Traubenpüree: ca. 1,2 kg Trauben
Für die Marmelade: 950 g kaltes Traubenpüree ◎ 1 kg Gelierzucker 1:1 ◎ Saft von 1 Zitrone ◎ 50 g Zartbitterschokolade ◎ 50 g Mandelblättchen

◎ Für das Traubenpüree die Trauben waschen und von den Stielen pflücken. In einen großen Topf mit wenig Wasser geben, gerade so viel, dass der Topfboden gut bedeckt ist, und abgedeckt langsam erhitzen. Gelegentlich umrühren und darauf achten, dass die Masse nicht überkocht – was sie übrigens gerne tut – also lieber einen größeren Topf wählen …
◎ Wenn die Trauben schließlich im eigenen Saft kochen, den Deckel abnehmen und die Masse offen noch 2–3 Minuten köcheln lassen. Die noch heiße Traubenmasse samt entstandenem Saft durch den feinen Einsatz der Flotten Lotte in einen zweiten Topf passieren – dabei bleiben die Kerne und etwas von den Traubenhäuten zurück.
◎ Für die Marmelade das Traubenpüree, den Gelierzucker und den Zitronensaft in einem großen Topf mischen. Die Mischung mindestens 1 Stunde abgedeckt Saft ziehen lassen.
◎ Inzwischen die Zartbitterschokolade grob hacken. Die Mandelblättchen in einer unbeschichteten Pfanne ohne Fettzugabe goldbraun rösten. Das geht am besten unter ständigem Rühren auf mittlerer bis hoher Kochstufe. Wichtig: Die Mandeln müssen sofort aus der Pfanne genommen werden, sobald sie die gewünschte Farbe angenommen haben, weil sie andernfalls in dem inzwischen sehr heißen Topf sofort verbrennen! Am besten benutzen Sie ein sauberes, trockenes Baumwoll-Geschirrtuch und wischen damit die Mandeln aus dem Topf in eine hitzebeständige Schüssel. (Achten Sie unbedingt darauf, den Topf dabei nur am Griff zu berühren!) Darin können die Mandeln abkühlen. Die abgekühlten Mandelblättchen in kleine Stücke brechen.
◎ Nach der Ziehzeit den Topfinhalt unter gelegentlichem Rühren bei mittlerer Temperatur erwärmen, dann auf höchster Stufe unter ständigem Rühren zum Kochen bringen. Wenn das gesamte Kochgut unter Rühren kräftig sprudelt, weitere 3 Minuten sprudelnd kochen lassen und dabei immer gut rühren! Dann die Mandelblättchen unterziehen und die Masse noch 1 Minute sprudelnd kochen lassen. Anschließend die Gelierprobe machen und nach Bedarf abschäumen.
◎ Nach erfolgreicher Gelierprobe die Schokolade unterziehen und die Marmelade noch einmal kurz aufwallen lassen. Dann sofort in die vorbereiteten, sterilisierten und heiß ausgespülten Gläser füllen. Mit den ebenfalls sterilisierten Deckeln verschließen und für etwa 5 Minuten kopfüber auf dem Deckel stehend ruhen lassen. Danach die Gläser wenden und vollständig abkühlen lassen.

TIPP: Für die Marmelade werden nur 950 g des Traubenpürees benötigt. Reste können Sie mit Joghurt oder Quark zu einem leckeren Dessert oder Snack verarbeiten oder im nächsten Müsli verbrauchen.

KILNER
EST 1842

Jostabeere pur

Für ca. 8–9 Gläser à 200 ml (ca. 1700 ml) ◎ Haltbar: mind. 18 Monate

1 kg reife Jostabeeren ◎ 1 kg Gelierzucker 1:1 ◎ Saft von 1 Zitrone

◎ Die Jostabeeren in viel kaltem Wasser kurz waschen, unreife Beeren entfernen. Jostabeeren, Gelierzucker und Zitronensaft in einem großen Topf mischen. Die Mischung mindestens 1 Stunde abgedeckt Saft ziehen lassen.

◎ Nach dieser Zeit den Topfinhalt unter gelegentlichem Rühren bei mittlerer Temperatur erwärmen, dann auf höchster Stufe unter ständigem Rühren zum Kochen bringen. Wenn das gesamte Kochgut unter Rühren kräftig sprudelt, weitere 4 Minuten sprudelnd kochen lassen und dabei immer gut rühren! Anschließend die Gelierprobe machen und die Marmelade abschäumen.

◎ Nach erfolgreicher Gelierprobe die Marmelade sofort in die vorbereiteten, sterilisierten und heiß ausgespülten Gläser füllen. Mit den ebenfalls sterilisierten Deckeln verschließen und für etwa 5 Minuten kopfüber auf dem Deckel stehend ruhen lassen. Danach die Gläser wenden und vollständig abkühlen lassen.

INFO: Die Jostabeere, oder auch Josta, ist eine Kreuzung aus der Schwarzen Johannisbeere und der Stachelbeere. Die Früchte ähneln in Form und Farbe einer großen Schwarzen Johannisbeere, werden nicht ganz so groß wie die Stachelbeeren. Sie sind tiefschwarz, mit süßem Aroma und hohem Vitamin-C-Gehalt. Sie sind ab Mitte Juni bis Juli reif.

Boysenbeere pur

Für ca. 8–9 Gläser à 200 ml (ca. 1700 ml) ◎ *Haltbar: mind. 18 Monate*

1 kg frische, reife Boysenbeeren ◎ 1 kg Gelierzucker 1:1 ◎ Saft von 1 Zitrone

◎ Die Boysenbeeren verlesen (aber nicht waschen). In einem großen Topf mit dem Gelierzucker und dem Zitronensaft mischen. Die Mischung mindestens 1 Stunde abgedeckt Saft ziehen lassen.

◎ Nach der Ziehzeit den Topfinhalt unter gelegentlichem Rühren bei mittlerer Temperatur erwärmen, dann auf höchster Stufe unter ständigem Rühren zum Kochen bringen. Wenn das gesamte Kochgut unter Rühren kräftig sprudelt, weitere 4 Minuten sprudelnd kochen lassen und dabei immer gut rühren! Anschließend die Gelierprobe machen und nach Bedarf abschäumen.

◎ Nach erfolgreicher Gelierprobe die Marmelade sofort in die vorbereiteten, sterilisierten und heiß ausgespülten Gläser füllen. Mit den ebenfalls sterilisierten Deckeln verschließen und für etwa 5 Minuten kopfüber auf dem Deckel stehend ruhen lassen. Danach die Gläser wenden und vollständig abkühlen lassen.

INFO: Vereinfacht ausgedrückt, sind Boysenbeeren aus einer Kreuzung zwischen Brombeeren und Himbeeren entstanden. Benannt ist sie nach ihrem Züchter Rudolph Boyse. Die Beeren haben von den Eltern das Beste mitbekommen, was diese an Geschmack geben konnten, und haben dafür an den Ranken fiesere Dornen als alle Brombeeren und Himbeeren gemeinsam.

Kernobst

Apfelgelee

Für ca. 7 Gläser à 200 ml (ca. 1400 ml) ◎ *Haltbar: mind. 18 Monate*
700 ml Saft von ungespritzten Streuobstwiesen-Äpfeln ◎ 1 kg Gelierzucker 1:1 ◎
1 EL frisch gepresster Zitronensaft

◎ Apfelsaft, Gelierzucker und Zitronensaft in einem großen Topf mischen. Die Mischung unter gelegentlichem Rühren bei mittlerer Temperatur erwärmen, dann auf höchster Stufe unter ständigem Rühren zum Kochen bringen. Wenn das gesamte Kochgut unter Rühren kräftig sprudelt, weitere 4 Minuten sprudelnd kochen lassen und dabei immer rühren! Anschließend die Gelierprobe machen und nach Bedarf abschäumen.
◎ Nach erfolgreicher Gelierprobe das Gelee sofort in die vorbereiteten, sterilisierten und heiß ausgespülten Gläser füllen. Mit den ebenfalls sterilisierten Deckeln verschließen und für etwa 5 Minuten kopfüber auf dem Deckel stehend ruhen lassen. Dann die Gläser wenden und vollständig abkühlen lassen.

TIPP: Passt prima zu Rotkohl: 1 EL Apfelgelee auf das fertig gekochte Rotkraut geben und unterheben.

Apfelgelee mit Calvados

Für ca. 7 Gläser à 200 ml (ca. 1400 ml) ◎ *Haltbar: mind. 18 Monate*
700 ml Saft von ungespritzten Streuobstwiesen-Äpfeln ◎
1 kg Gelierzucker 1:1 ◎ 1 EL frisch gepresster Zitronensaft ◎
30 g Calvados oder ein vergleichbarer heimischer Apfelbranntwein

◎ Apfelsaft, Gelierzucker und Zitronensaft in einem großen Topf mischen. Die Mischung unter gelegentlichem Rühren bei mittlerer Temperatur erwärmen, dann auf höchster Stufe unter ständigem Rühren zum Kochen bringen. Wenn das gesamte Kochgut unter Rühren kräftig sprudelt, weitere 4 Minuten sprudelnd kochen lassen und dabei immer rühren! Anschließend die Gelierprobe machen und nach Bedarf abschäumen.
◎ Nach erfolgreicher Gelierprobe das Gelee noch einmal kurz aufwallen lassen. Erst danach den Calvados oder den Apfelbrand hinzufügen und das Gelee nicht mehr kochen lassen. Sofort in die vorbereiteten, sterilen Gläser füllen.
◎ Mit den ebenfalls sterilisierten Deckeln verschließen und für etwa 5 Minuten auf dem Deckel stehend ruhen lassen. Dann wenden und vollständig abkühlen lassen.

INFO: Calvados ist ein bernsteinfarbener Apfelbranntwein. Calvados dürfen sich nur die Cidre- oder Poiré-(Birnenmost)-Brände nennen, die aus einer Region von elf genau festgelegten Anbaugebieten der Normandie, Département Calvados, stammen. Der Alkoholgehalt liegt bei 40 bis 45 Vol.-%.

Apfelgelee mit Vanille

Das ist die Kindheitserinnerung pur. Apfelgelee mit dem süßen Duft und Geschmack von Vanille.

Für ca. 7 Gläser à 200 ml (ca. 1400 ml) ◎ *Haltbar: mind. 18 Monate*

700 ml Saft von ungespritzten Streuobstwiesen-Äpfeln ◎ 1 kg Gelierzucker 1:1 ◎ 1 EL frisch gepresster Zitronensaft ◎ 1 Vanilleschote

◎ Apfelsaft, Gelierzucker und Zitronensaft in einem großen Topf mischen. Die Mischung unter gelegentlichem Rühren bei mittlerer Temperatur erwärmen, dann auf höchster Stufe unter ständigem Rühren zum Kochen bringen.

◎ Die Vanilleschote einschneiden und 4 Minuten sprudelnd mitkochen. Die Schote nach den 4 Minuten herausnehmen, auskratzen und das Mark zuerst mit einer kleinen Menge Gelee mischen. Diese Mischung dann zurück in den Topf geben und gut verrühren. Wenn möglich, dieses Gelee nicht abschäumen, da sehr viel vom Vanillemark in diesem Schaum enthalten ist. Falls nötig, die Masse unter gelegentlichem Umrühren mit dem Holzlöffel etwas abkühlen lassen, dabei reduziert sich der Schaum nämlich auch. Danach noch einmal kurz auf höchster Stufe erhitzen, bis die Masse beginnt, aufzuwallen – dann zügig abfüllen.

◎ Die ausgekratzte Schote in kleine Stücke schneiden und vor dem Abfüllen der Masse auf die Gläser verteilen. Anschließend mit dem kochenden Apfelgelee auffüllen und fest verschließen.

TIPPS: Warum die Aktion mit dem Vanillemark in einer separaten Schüssel? Das Vanillemark klebt zusammen und bildet »Klumpen«, die in der Masse schwimmen. In einer kleinen Menge Marmelade ist es leichter, diese Klumpen aufzulösen und zu verteilen, als im großen Topf.
Wenn Sie es besonders gut meinen und sich mit einem extravaganten Apfel-Vanille-Gelee verwöhnen wollen, nehmen Sie statt der Madagaskar-Vanille eine Tahiti-Vanille-Schote. Und erschrecken Sie ruhig über den Preis der Schote – ist mir auch so ergangen. Eine Tahiti-Schote bringt dafür locker das Gewicht von 3–5 Madagaskar-Schoten auf die Waage, und der Geschmack und der Duft lassen sich mit nichts vergleichen!

Apfel-Holunder-Gelee

Für ca. 7Gläser à 200 ml (ca. 1400 ml) ◉ Haltbar: mind. 18 Monate

350 ml Apfelsaft ◉ 350 ml Holunderbeerensaft ◉ 1 kg Gelierzucker 1:1 ◉ 1 EL frisch gepresster Zitronensaft

◉ Apfelsaft, Holundersaft, Gelierzucker und Zitronensaft in einem großen Topf mischen. Die Mischung unter gelegentlichem Rühren bei mittlerer Temperatur erwärmen, dann auf höchster Stufe unter ständigem Rühren zum Kochen bringen. Wenn das gesamte Kochgut unter Rühren kräftig sprudelt, weitere 4 Minuten sprudelnd kochen lassen und dabei immer rühren! Anschließend die Gelierprobe machen und nach Bedarf abschäumen.

◉ Nach erfolgreicher Gelierprobe das Gelee sofort in die vorbereiteten, sterilisierten und heiß ausgespülten Gläser füllen. Mit den ebenfalls sterilisierten Deckeln verschließen und für etwa 5 Minuten kopfüber auf dem Deckel stehend ruhen lassen. Dann die Gläser wenden und vollständig abkühlen lassen.

TIPP: Wenn Sie die fertige Bratapfelmarmelade mit der doppelten Menge heißem Apfelsaft mischen, erhalten Sie eine sehr leckere Dessertsauce, die Sie zum Beispiel zu Vanillepudding oder zu Nusseis reichen können … oder zu Crêpes, oder Waffeln, oder …

Bratapfel

OK – wirklich super aufwendig in der Herstellung, aber einfach sooo lecker – und gerade im Advent und zu Weihnachten ein Highlight auf jedem Frühstückstisch!

Für ca. 8–9 Gläser à 200 ml (ca. 1700 ml) ◎ Haltbar: mind. 18 Monate

Für die Bratapfelmasse: 5–6 große Äpfel (vorzugsweise Sorte Boskop) ◎ Fett für die Form ◎ etwas Zucker zum Bestreuen

Für die Marmelade: 30 g Rosinen ◎ 300 ml Apfelsaft ◎ 50 g Mandelblättchen ◎ 700 g Bratapfelmasse ◎ 1 g gemahlener Ceylon-Zimt ◎ 2 g Lebkuchengewürz ◎ 800 g Gelierzucker 1:1 ◎ 200 g normaler Haushaltszucker ◎ 50 g Marzipanrohmasse

◎ Für die Bratapfelmasse den Backofen auf 180 °C Ober-/Unterhitze vorheizen. Die Kerngehäuse der Äpfel mit einem Apfelausstecher entfernen. Eine feuerfeste Form buttern und die Äpfel hineinsetzen. Mit etwas Zucker bestreuen und im vorgeheizten Backofen 35–40 Minuten garen. Wenn die Äpfel weich sind, samt entstandenem Saft und karamellisiertem Zucker durch die grobe Scheibe der Flotten Lotte passieren. Von der passierten Masse werden 700 g für die Marmelade benötigt. Den Rest mit etwas Zimtzucker verfeinern und einfach so wegnaschen.

◎ Während die Äpfel garen, die Rosinen in einen Mixbecher geben, mit etwas Apfelsaft bedecken und darin einweichen. Die Mandelblättchen in einer unbeschichteten Pfanne ohne Fettzugabe goldbraun rösten. Das geht am besten unter ständigem Rühren auf mittlerer bis hoher Kochstufe. Wichtig: Die Mandeln müssen sofort aus der Pfanne genommen werden, sobald sie die gewünschte Farbe angenommen haben, weil sie andernfalls in dem inzwischen sehr heißen Topf gleich verbrennen! Am besten benutzen Sie ein sauberes, trockenes Baumwoll-Geschirrtuch und wischen damit die Mandeln aus dem Topf in eine hitzebeständige Schüssel. (Achten Sie unbedingt darauf, den Topf dabei nur am Griff zu berühren!) Darin können die Mandeln abkühlen.

◎ Die abgekühlten Mandelblättchen in kleine Stückchen brechen.

◎ Die Bratapfelmasse und den Apfelsaft in einen großen Topf geben. Die Gewürze mit dem gesamten Zucker mischen und dann ebenfalls in den Topf geben. Die Mischung unter gelegentlichem Rühren bei mittlerer Temperatur langsam erwärmen.

◎ Die eingeweichten Rosinen entweder mit dem Stabmixer mit dem Apfelsaft zu einer homogenen Masse pürieren, oder die Rosinen aus dem Apfelsaft nehmen und mit dem Messer auf dem Schneidbrett sehr fein hacken. Das Rosinen-Apfelsaft-Püree oder die fein gehackten Rosinen und den Apfelsaft zum Einweichen zur Bratapfel-Zucker-Masse geben und mitkochen. Unter ständigem Rühren zum Kochen bringen, dann 3 Minuten sprudelnd kochen lassen. Anschließend den Topf von der Kochstelle nehmen.

◎ Die Marzipanrohmasse in kleine Stücke schneiden und in einen Mixbecher geben. Etwas von der heißen Marmelade zur Marzipanrohmasse in den Mixbecher geben. Mit dem Stabmixer zu einer homogenen, glatten Masse verarbeiten. Diese zur Marmelade in den Topf geben und die gerösteten Mandelblättchen unterziehen.

◎ Den Topf wieder auf die Kochstelle geben und die Marmelade noch einmal 1 Minute sprudelnd kochen lassen. Anschließend die Gelierprobe machen.

◎ Nach erfolgreicher Gelierprobe die Marmelade sofort in die vorbereiteten, sterilisierten und heiß ausgespulten Gläser füllen. Mit den ebenfalls sterilisierten Deckeln verschließen und für etwa 5 Minuten kopfüber auf dem Deckel stehend ruhen lassen. Danach die Gläser wenden und vollständig abkühlen lassen.

Sommerapfel pur

Für ca. 8–9 Gläser à 200 ml (ca. 1700 ml) ◎ Haltbar: mind. 18 Monate
Für das Sommerapfelpüree: 1,5 kg Sommeräpfel
Für die Marmelade: 1 kg Sommerapfelpüree ◎ 300 g normaler Haushaltszucker ◎ 500 g Gelierzucker 1:1 ◎ Saft von 1 Zitrone ◎ 1 Zimtstange

◎ Für das Sommerapfelpüree die Äpfel waschen, vierteln und die Kerngehäuse entfernen. Die Schale, besonders bei den rotbackigen Sorten, können Sie gerne dranlassen. (Von der roten Schale bekommt die spätere Marmelade einen rosa Hauch.) Die Apfelstücke in einen Topf mit wenig Wasser geben, gerade so viel, dass der Topfboden gut 0,5 cm hoch bedeckt ist, und abgedeckt langsam erhitzen. Gelegentlich umrühren und darauf achten, dass die Masse nicht anhängt.
◎ Wenn die Äpfel schließlich im eigenen Saft kochen, den Deckel abnehmen und die Masse offen noch 2–3 Minuten köcheln lassen. Die noch heiße Apfelmasse zusammen mit dem entstandenen Saft durch den groben Einsatz der Flotten Lotte in einen zweiten Topf passieren. Von dieser Masse werden 1 kg für die Marmelade benötigt – den Rest mit etwas Zimtzucker verfeinert einfach so naschen.
◎ Für die Marmelade alle Zutaten in einem großen Topf mischen und den Zucker mindestens 1 Stunde abgedeckt einwirken lassen.
◎ Nach der Einwirkzeit die Mischung unter gelegentlichem Rühren bei mittlerer Temperatur erwärmen, dann auf höchster Stufe unter ständigem Rühren zum Kochen bringen. Wenn das gesamte Kochgut unter Rühren kräftig sprudelt, weitere 4 Minuten sprudelnd kochen lassen und dabei immer rühren! Anschließend die Gelierprobe machen und nach Bedarf abschäumen.
◎ Nach erfolgreicher Gelierprobe die Zimtstange entfernen und die Masse noch einmal aufwallen lassen. Dann sofort in die vorbereiteten, sterilisierten und heiß ausgespülten Gläser füllen. Mit den ebenfalls sterilisierten Deckeln verschließen und für etwa 5 Minuten kopfüber auf dem Deckel stehend ruhen lassen. Dann die Gläser wenden und vollständig abkühlen lassen.

Varianten
◎ Diese Marmelade können Sie statt mit Zimt auch sehr gut mit echter Vanille verfeinern, dafür 1 aufgeschnittene Vanilleschote am besten schon gleich mit dem Zucker zu den Äpfeln geben und dann mitkochen. Die Vanilleschote in Stücke schneiden und auf die Marmeladengläser verteilen.
◎ Eine gehaltvolle leckere Alternative wäre es, wenn Sie die Vanilleschote weglassen und dafür erst direkt vor dem Abfüllen 30 ml Calvados zugeben.

INFO: Die ersten Sommeräpfel gibt es bei uns Ende Juli/Anfang August. Sie sind meistens recht säuerlich und absolut nicht für die Lagerung geeignet. Sie ergeben aber ein köstliches Apfelmus, sind herrlich als Kompott und auch ein großartiges Ausgangsprodukt für Marmelade.

Sommerapfel mit wilden Brombeeren

Ich liebe es, wenn ich Früchte und Beeren mischen kann, die zeitgleich reif werden – und so ist auch diese Kombination entstanden.

Für ca. 8–9 Gläser à 200 ml (ca. 1700 ml) ◎ *Haltbar: mind. 18 Monate*
400 g wilde Brombeeren ◎ 600 g Sommerapfelpüree (siehe Seite 64) ◎
1 kg Gelierzucker 1:1 ◎ Saft von 1 Zitrone

◎ Die Brombeeren verlesen (aber nicht waschen) und in einem großen Topf mit den übrigen Zutaten mischen. Den Zucker mindestens 1 Stunde abgedeckt einwirken lassen.
◎ Nach der Einwirkzeit den Topfinhalt unter gelegentlichem Rühren bei mittlerer Temperatur erwärmen, dann auf höchster Stufe unter ständigem Rühren zum Kochen bringen. Wenn das gesamte Kochgut unter Rühren kräftig sprudelt, weitere 4 Minuten sprudelnd kochen lassen und dabei immer gut rühren! Anschließend die Gelierprobe machen und nach Bedarf abschäumen.
◎ Nach erfolgreicher Gelierprobe die Marmelade noch einmal aufwallen lassen, dann sofort in die vorbereiteten, sterilisierten und heiß ausgespülten Gläser füllen. Mit den ebenfalls sterilisierten Deckeln verschließen und für etwa 5 Minuten kopfüber auf dem Deckel stehend ruhen lassen. Danach die Gläser wenden und vollständig abkühlen lassen.

TIPP: Und wenn Sie noch 3 g Zimt unter den Zucker mischen, bevor Sie ihn zu den Früchten geben, bekommen Sie eine leckere Marmelade, die im Advent und zur Weihnachtszeit ihren großen Auftritt haben wird.

Birne pur

Für ca. 8–9 Gläser à 200 ml (ca. 1700 ml) ◎ *Haltbar: mind. 18 Monate*
ca. 1,2 kg reife Birnen ◎ 1 kg Gelierzucker 1:1 ◎ Saft von 1 Zitrone

◎ Die Birnen waschen, schälen, vierteln und entkernen. 1 kg Fruchtfleisch abwiegen und in kleine Stücke schneiden. In einem großen Topf mit dem Gelierzucker und dem Zitronensaft mischen. Die Mischung mindestens 1 Stunde abgedeckt Saft ziehen lassen.
◎ Nach der Ziehzeit den Topfinhalt auf höchster Stufe unter ständigem Rühren zum Kochen bringen. Wenn das gesamte Kochgut unter Rühren kräftig sprudelt, weitere 4 Minuten sprudelnd kochen lassen und dabei immer gut rühren! Anschließend die Gelierprobe machen und die Marmelade abschäumen.
◎ Nach erfolgreicher Gelierprobe die Marmelade sofort in die vorbereiteten, sterilisierten und heiß ausgespülten Gläser füllen. Mit den ebenfalls sterilisierten Deckeln verschließen und für etwa 5 Minuten kopfüber auf dem Deckel stehend ruhen lassen. Danach die Gläser wenden und vollständig abkühlen lassen.

Birne mit Birnenbrand

Für ca. 8–9 Gläser à 200 ml (ca. 1700 ml) ◎ *Haltbar: mind. 18 Monate*
ca. 1,2 kg reife Birnen ◎ 1 kg Gelierzucker 1:1 ◎ Saft von 1 Zitrone ◎
30 g Birnenbrand (z. B. Williams Christ)

◎ Die Birnen waschen, schälen, vierteln und entkernen. 1 kg Fruchtfleisch abwiegen und in einem großen Topf mit dem Gelierzucker und dem Zitronensaft mischen. Die Mischung mindestens 1 Stunde abgedeckt Saft ziehen lassen.
◎ Nach der Ziehzeit den Topfinhalt auf höchster Stufe unter ständigem Rühren zum Kochen bringen. Wenn das gesamte Kochgut unter Rühren kräftig sprudelt, weitere 4 Minuten sprudelnd kochen lassen und dabei immer gut rühren! Anschließend die Gelierprobe machen und die Marmelade abschäumen.
◎ Nach erfolgreicher Gelierprobe die Masse noch einmal erhitzen, bis sie kurz aufwallt. Dann den Birnenbrand dazugeben und nicht mehr kochen!
◎ Die Marmelade sofort in die vorbereiteten, sterilisierten und heiß ausgespülten Gläser füllen. Mit den ebenfalls sterilisierten Deckeln verschließen und für etwa 5 Minuten kopfüber auf dem Deckel stehend ruhen lassen. Danach die Gläser wenden und vollständig abkühlen lassen.

TIPP: Zimt ist grundsätzlich ein köstlicher Begleiter von Birnen. Wenn Sie also möchten, mischen Sie 1 g gemahlenen Ceylon-Zimt – für eine winterliche Variante auch gerne 2–3 g – unter den Gelierzucker, bevor Sie ihn zu den Birnen geben.

Birne mit Ingwer

Für ca. 8–9 Gläser à 200 ml (ca. 1700 ml) ◎ Haltbar: mind. 18 Monate

ca. 1,2 kg reife Birnen ◎ 1 kg Gelierzucker 1:1 ◎ Saft von 1 Zitrone ◎ 60 g frischer Ingwer

◎ Die Birnen waschen, schälen, vierteln und entkernen. Das Fruchtfleisch in mittelgroße Würfel schneiden. 1 kg abwiegen und in einem großen Topf mit dem Gelierzucker und dem Zitronensaft mischen. Die Mischung mindestens 1 Stunde abgedeckt Saft ziehen lassen.

◎ Inzwischen den frischen Ingwer schälen. Das geht am leichtesten, wenn man die dünne Schale mit einem Teelöffel leicht abschabt. Den Ingwer in sehr kleine Würfel schneiden.

◎ Nach der Ziehzeit den Ingwer zugeben und den Topfinhalt auf höchster Stufe unter ständigem Rühren zum Kochen bringen. Wenn das gesamte Kochgut unter Rühren kräftig sprudelt, weitere 4 Minuten sprudelnd kochen lassen und dabei immer gut rühren! Anschließend die Gelierprobe machen und die Marmelade abschäumen.

◎ Nach erfolgreicher Gelierprobe die Marmelade sofort in die vorbereiteten, sterilisierten und heiß ausgespülten Gläser füllen. Mit den ebenfalls sterilisierten Deckeln verschließen und für etwa 5 Minuten kopfüber auf dem Deckel stehend ruhen lassen. Danach die Gläser wenden und vollständig abkühlen lassen.

TIPP: Ich mag es lieber, wenn ich den Ingwer in der Masse sehen kann. Wenn Ihnen das Schneiden der sehr kleinen Würfelchen zu viel Mühe bereitet, können Sie den Ingwer auch reiben. Dafür dann ein Ingwerstück wählen, das so groß ist, dass Sie 60 g davon abreiben können, OHNE sich die Fingerkuppen an der Reibe zu verletzen!

Birne mit Walnuss

Für ca. 8–9 Gläser à 200 ml (ca. 1700 ml) ◎ Haltbar: mind. 18 Monate

ca. 1,2 kg reife Birnen ◎ 1 kg Gelierzucker 1:1 ◎ Saft von 1 Zitrone ◎ 50 g Walnusskerne

◎ Die Birnen waschen, schälen, vierteln und entkernen. 1 kg Fruchtfleisch abwiegen, würfeln und in einem großen Topf mit dem Gelierzucker und dem Zitronensaft mischen. Die Mischung mindestens 1 Stunde abgedeckt Saft ziehen lassen.

◎ Die ganzen Walnusskerne in einer fettfreien, unbeschichteten Pfanne leicht anrösten. Danach in eine hitzebeständige Schüssel umfüllen, abkühlen lassen und klein hacken.

◎ Nach der Ziehzeit den Topfinhalt auf höchster Stufe unter ständigem Rühren zum Kochen bringen. Wenn das gesamte Kochgut unter Rühren kräftig sprudelt, weitere 4 Minuten sprudelnd kochen lassen und dabei immer gut rühren! 1 Minute vor Ende der Kochzeit die Walnussstückchen dazugeben und kräftig mitkochen. Anschließend die Gelierprobe machen.

◎ Nach erfolgreicher Gelierprobe die Marmelade sofort in die vorbereiteten, sterilisierten und heiß ausgespülten Gläser füllen. Mit den ebenfalls sterilisierten Deckeln verschließen und für etwa 5 Minuten kopfüber auf dem Deckel stehend ruhen lassen. Danach die Gläser wenden und vollständig abkühlen lassen.

TIPP: Birne mit Walnuss schmeckt mir besonders gut auf einem kräftigen Roggenbrot und natürlich zu Käse. Einer meiner Kunden bestreicht damit seinen gegrillten Burger, bevor er diesen mit Roquefort-Käse überbackt.

Birne mit Zartbitterschokolade

Für ca. 8–9 Gläser à 200 ml (ca. 1700 ml) ◎ Haltbar: mind. 18 Monate

ca. 1,2 kg reife Birnen ◎ 1 kg Gelierzucker 1:1 ◎ Saft von 1 Zitrone ◎ 50 g Zartbitterschokolade

◎ Die Birnen waschen, schälen, vierteln und entkernen. 1 kg Fruchtfleisch abwiegen und in 1,5 cm große Würfel schneiden. In einem großen Topf mit dem Gelierzucker und dem Zitronensaft mischen. Die Mischung mindestens 1 Stunde abgedeckt Saft ziehen lassen. Inzwischen die Zartbitterschokolade grob hacken.

◎ Nach der Ziehzeit den Topfinhalt auf höchster Stufe unter ständigem Rühren zum Kochen bringen. Die weichen Birnenstücke fast gänzlich verkochen lassen. Falls Sie die Masse pürieren möchten, um keine Stückchen in der fertigen Marmelade zu haben, ist jetzt der richtige Zeitpunkt.

◎ Die Gelierprobe machen und nach Bedarf abschäumen. Nach erfolgreicher Gelierprobe die gehackte Schokolade dazugeben und gründlich unterrühren.

◎ Dann die Marmelade sofort in die vorbereiteten, sterilisierten und heiß ausgespülten Gläser füllen. Mit den ebenfalls sterilisierten Deckeln verschließen und für etwa 5 Minuten kopfüber auf dem Deckel stehend ruhen lassen. Danach die Gläser wenden und vollständig abkühlen lassen.

INFOS: Zartbitterschokolade enthält mindestens 50 % Kakaomasse, 18 % Kakaobutter und mindestens 14 % Kakaotrockenmasse. Ein leicht bitterer Geschmack und die dunkle Farbe sind die Kennzeichen der Zartbitterschokolade. Je dunkler die Schokolade ist, umso mehr Kakao enthält sie, dafür einen geringeren oder häufig gar keinen Milchanteil und ist somit auch für Veganer geeignet. Welche Birnensorte Sie wählen, ist Geschmackssache – wenn Sie auf dem Wochenmarkt einkaufen, können Sie an den Obstständen in der Regel die Birnen kosten und sich dann entscheiden. Größere Birnen haben prozentual weniger Putzverlust als kleinere Früchte.

Birne mit Wildpreiselbeeren

Die süße Birne und die herb-säuerliche Wildpreiselbeere könnten vom Charakter nicht unterschiedlicher sein, aber sie sind tatsächlich ein Traumpaar!

Für ca. 8–9 Gläser à 200 ml (ca. 1700 ml) ◎ Haltbar: mind. 18 Monate

ca. 1 kg reife Birnen ◎ 200 g Wildpreiselbeeren ◎ 1 kg Gelierzucker 1:1 ◎ Saft von 1 Zitrone

◎ Die Birnen waschen, schälen, vierteln und entkernen. 800 g Fruchtfleisch abwiegen und grob in Würfel schneiden. Die Wildpreiselbeeren verlesen, gegebenenfalls noch nicht ganz reife Beeren aussortieren. 200 g Beeren mit den Birnen in einem großen Topf mit dem Gelierzucker und dem Zitronensaft mischen. Die Mischung mindestens 1 Stunde abgedeckt Saft ziehen lassen.

◎ Die Birnen-Preiselbeeren-Zucker-Mischung auf höchster Stufe unter ständigem Rühren zum Kochen bringen. Wenn das gesamte Kochgut unter Rühren kräftig sprudelt, weitere 4 Minuten sprudelnd kochen lassen und dabei immer gut rühren! Anschließend die Gelierprobe machen und die Marmelade abschäumen.

◎ Da die ganzen Preiselbeeren in der fertigen Marmelade alle oben schwimmen, empfiehlt es sich, die Masse kurz mit dem Pürierstab zu bearbeiten, bevor Sie die heiße Masse in die vorbereiteten, sterilisierten Gläser füllen. Die Gläser sofort verschließen und für etwa 5 Minuten kopfüber auf den Deckel stellen. Wenden und auskühlen lassen.

TIPP: Diese Marmelade schmeckt köstlich zu Wildbraten und Wildbratwurst oder zu gebackenem Camembert.

Quittengelee

Für ca. 8–9 Gläser à 200 ml (ca. 1700 ml) ⊚ Haltbar: mind. 18 Monate
1 l kalter Quittensaft (siehe Seite 185) ⊚ 1 kg Gelierzucker 1:1 ⊚ Saft von 1 Zitrone

⊚ Quittensaft, Gelierzucker und Zitronensaft in einem großen Topf mischen. Die Mischung unter gelegentlichem Rühren bei mittlerer Temperatur erwärmen, dann auf höchster Stufe unter ständigem Rühren zum Kochen bringen. Wenn das gesamte Kochgut unter Rühren kräftig sprudelt, weitere 4 Minuten sprudelnd kochen lassen und dabei immer rühren! Anschließend die Gelierprobe machen und nach Bedarf abschäumen.

⊚ Nach erfolgreicher Gelierprobe das Gelee sofort in die vorbereiteten, sterilisierten und heiß ausgespülten Gläser füllen. Mit den ebenfalls sterilisierten Deckeln verschließen und für etwa 5 Minuten kopfüber auf dem Deckel stehend ruhen lassen. Dann die Gläser wenden und vollständig abkühlen lassen.

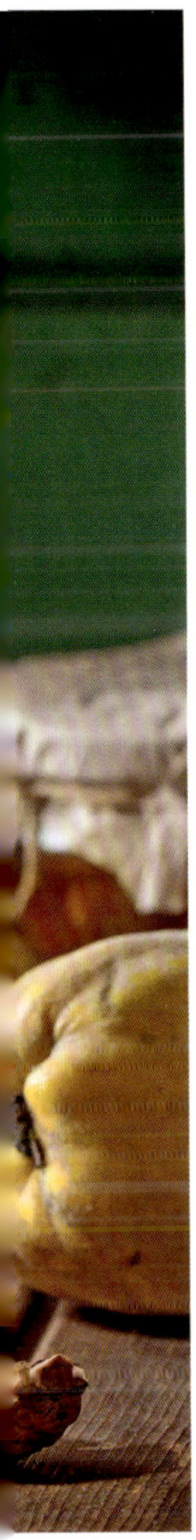

Quittengelee mit Quittenbrand

Für ca. 8–9 Gläser à 200 ml (ca. 1700 ml) ◎ *Haltbar: mind. 18 Monate*

1 l kalter Quittensaft (siehe Seite 185) ◎ 1 kg Gelierzucker 1:1 ◎
Saft von 1 Zitrone ◎ 30 g Quittenbrand

◎ Quittensaft, Gelierzucker und Zitronensaft in einem großen Topf mischen. Die Mischung unter gelegentlichem Rühren bei mittlerer Temperatur erwärmen, dann auf höchster Stufe unter ständigem Rühren zum Kochen bringen. Wenn das gesamte Kochgut unter Rühren kräftig sprudelt, weitere 4 Minuten sprudelnd kochen lassen und dabei immer rühren! Anschließend die Gelierprobe machen und nach Bedarf abschäumen.

◎ Erst nach erfolgreicher Gelierprobe den Quittenbrand hinzufügen und gründlich unterrühren. Das Gelee sofort danach in die vorbereiteten, sterilisierten und heiß ausgespülten Gläser füllen. Mit den ebenfalls sterilisierten Deckeln verschließen und für etwa 5 Minuten kopfüber auf dem Deckel stehend ruhen lassen. Danach die Gläser wenden und vollständig abkühlen lassen.

Omas Quittenmus

Eine meiner Lieblingssorten!

1 kg Quittenmasse (siehe Seite 75) ◎ 800 g normaler Haushaltszucker

◎ Quittenmasse und Zucker in einem großen Topf mischen. Die Mischung unter gelegentlichem Rühren bei mittlerer Temperatur erwärmen, dann auf höchster Stufe unter ständigem Rühren zum Kochen bringen. Wenn das gesamte Kochgut unter Rühren kräftig sprudelt, weitere 3 Minuten sprudelnd kochen lassen und dabei immer rühren!

◎ Dann die Masse sofort in die vorbereiteten, sterilisierten und heiß ausgespülten Gläser füllen. Mit den ebenfalls sterilisierten Deckeln verschließen und für etwa 5 Minuten kopfüber auf dem Deckel stehend ruhen lassen. Danach die Gläser wenden und vollständig abkühlen lassen.

TIPP: Am besten rühren Sie mit einem seeeehr langen Kochlöffel! Und tragen Sie dabei lange Spülhandschuhe, um Ihre Hände vor Spritzern zu schützen. Denn Sie ahnen es: Die Masse spritzt sehr hoch, ist extrem heiß und brennt auch noch gerne an.

Quittenmasse

Zugegebenermaßen war diese Marmelade bei meiner Oma eine Art von Resteverwertung, weil die Quittenreste, die bei der Saftherstellung übrig blieben, zum Wegwerfen tatsächlich viel zu kostbar waren ... die konnten ja noch gegessen werden, und etwas, das noch gegessen werden konnte, wurde nicht entsorgt ...! OK, ich habe Omas Rezept etwas abgewandelt, weil ich die quittentypischen Steinzellen nicht leiden kann, aber ansonsten ... Und so geht's:

Für eine Topffüllung

ca. 2,2 kg reife, goldgelbe Quitten

- Die Quitten mit einem trockenen Tuch abreiben und damit den Flaum entfernen, der die Quitten umgibt.
- Den »Boden« der Quitte samt Blütenansatz abschneiden, um eine feste Standfläche zu schaffen. Jetzt die Quitte auf die Schnittfläche stellen und großzügig um das Kerngehäuse herum das Fruchtfleisch von der Quitte schneiden. (Auf diese Weise bekommen Sie Fruchtmasse, in der kaum Steinzellen enthalten sind – wenn Sie zu dicht am Kerngehäuse schneiden, merken Sie das daran, dass das Messer nicht leicht durch das Fruchtfleisch schneidet.) Die Quittenstücke grob zerkleinern.
- Den Dampfeinsatz in einen Schnellkochtopf setzen, 500 ml Wasser zugeben und den Topf mit den Quittenstücken füllen. Den Dichtungsring und das Ventil noch einmal prüfen, bevor Sie den Topf damit fest verschließen. Auf höchster Kochstufe zum Kochen bringen. Überlassen Sie den Schnellkochtopf dabei niemals sich selbst!
- Sobald das Ventil die zweite Markierung erreicht hat, die Temperatur so weit reduzieren, dass das Ventil am zweiten Strich bleibt, die Hitze im Topf aber nicht zu hoch wird!
- Nach 10 Minuten ist der Kochvorgang abgeschlossen. Den Topf von der Kochstelle nehmen und stehen lassen. Nicht abdampfen, sondern geduldig warten, bis sich der Druck im Topf allein zurückgebildet hat. (Was daran zu erkennen ist, dass sich das Druckventil wieder völlig in den Deckel zurückgezogen hat.)
- Die noch heiße Quittenmasse samt entstandenem Saft durch die grobe Scheibe der Flotten Lotte in einen zweiten Topf passieren. Wenn möglich, die noch heiße Masse jetzt gleich mit Zucker mischen und zu Marmelade verarbeiten – das spart Zeit und viel Rühren – davon haben Sie auch so noch genug.

Quittengelee mit Ingwer

Für ca. 8–9 Gläser à 200 ml (ca. 1700 ml) ◎ *Haltbar: mind. 18 Monate*

60 g frischer Ingwer ◎ 1 l kalter Quittensaft (siehe Seite 185) ◎
1 kg Gelierzucker 1:1 ◎ Saft von 1 Zitrone

◎ Den frischen Ingwer schälen. Das geht am leichtesten, wenn man die dünne Schale mit einem Teelöffel leicht abschabt. Den Ingwer in feine Würfelchen schneiden.
◎ Ingwer, Quittensaft, Gelierzucker und Zitronensaft in einem großen Topf mischen. Die Mischung unter gelegentlichem Rühren bei mittlerer Temperatur erwärmen, dann auf höchster Stufe unter ständigem Rühren zum Kochen bringen. Wenn das gesamte Kochgut unter Rühren kräftig sprudelt, weitere 4 Minuten sprudelnd kochen lassen und dabei immer rühren! Anschließend die Gelierprobe machen und nach Bedarf abschäumen.
◎ Nach erfolgreicher Gelierprobe das Gelee sofort in die vorbereiteten, sterilisierten und heiß ausgespülten Gläser füllen. Mit den ebenfalls sterilisierten Deckeln verschließen und für etwa 5 Minuten kopfüber auf dem Deckel stehend ruhen lassen. Danach die Gläser wenden und vollständig abkühlen lassen.

TIPP: Statt frischem Ingwer können Sie auch kandierten Ingwer verwenden, der ist etwas milder.

Quitte mit Sanddorn

Für ca. 8–9 Gläser à 200 ml (ca. 1700 ml) ◎ *Haltbar: mind. 18 Monate*

700 g Quittenmasse (siehe Seite 75) ◎ 300 g Sanddornmark (siehe Seite 132) ◎
1 kg normaler Haushaltszucker

◎ Quittenmasse, Sanddornmark und Zucker in einem großen Topf mischen und den Zucker 1 Stunde abgedeckt einwirken lassen.
◎ Nach der Ziehzeit den Topfinhalt unter gelegentlichem Rühren bei mittlerer Temperatur erwärmen, dann auf höchster Stufe unter ständigem Rühren zum Kochen bringen. Wenn das gesamte Kochgut unter Rühren kräftig sprudelt, weitere 3 Minuten sprudelnd kochen lassen und dabei immer gut rühren! Achtung: Die Masse spritzt und brennt gerne an!
◎ Dann die Masse sofort in die vorbereiteten, sterilisierten und heiß ausgespülten Gläser füllen. Mit den ebenfalls sterilisierten Deckeln verschließen und für etwa 5 Minuten kopfüber auf dem Deckel stehend ruhen lassen. Danach die Gläser wenden und vollständig abkühlen lassen.

Quittengelee mit Vanille

Das feine Quittengelee verträgt sich sehr gut mit dem Duft von Vanille.

Für ca. 8–9 Gläser à 200 ml (ca. 1700 ml) ◎ *Haltbar: mind. 18 Monate*
1 l kalter Quittensaft (siehe Seite 185) ◎ 1 kg Gelierzucker 1:1 ◎
Saft von 1 Zitrone ◎ 1 Tahiti-Vanilleschote

◎ Quittensaft, Gelierzucker und Zitronensaft in einem großen Topf mischen. Die Mischung unter gelegentlichem Rühren bei mittlerer Temperatur erwärmen, dann auf höchster Stufe unter ständigem Rühren zum Kochen bringen.
◎ Die Vanilleschote einschneiden und 4 Minuten sprudelnd mitkochen. Die Schote nach den 4 Minuten herausnehmen, auskratzen und das Mark zuerst mit einer kleinen Menge Gelee in einer Schale mischen. Diese Mischung dann zurück in den Topf geben und gut verrühren. Wenn möglich, dieses Gelee nicht abschäumen, da sehr viel vom Vanillemark in diesem Schaum enthalten ist. Falls nötig, die Masse unter gelegentlichem Umrühren mit dem Holzlöffel etwas abkühlen lassen, dabei reduziert sich der Schaum nämlich auch. Danach noch einmal kurz auf höchster Stufe erhitzen, bis die Masse beginnt, aufzuwallen – dann zügig abfüllen.
◎ Für besonders intensiven Vanillegeschmack: Die ausgekratzte Schote in kleine Stücke schneiden und vor dem Abfüllen der Masse auf die Gläser verteilen. Anschließend mit dem kochenden Quittengelee auffüllen und fest verschließen.

INFO: Warum die Aktion mit dem Vanillemark in einer separaten Schüssel? Das Vanillemark klebt zusammen und bildet »Klumpen«, die in der Masse schwimmen. In einer kleinen Menge Marmelade ist es leichter, diese Klumpen aufzulösen und zu verteilen, als im großen Topf.

Quitten-Holunder-Gelee

Für ca. 7–8 Gläser à 200 ml (ca. 1600 ml) ◎ *Haltbar: mind. 18 Monate*
500 ml Quittensaft (siehe Seite 185) ◎ 350 ml Holunderbeerensaft (siehe Seite 182) ◎
1 kg Gelierzucker 1:1 ◎ Saft von 1 Zitrone

◎ Quittensaft, Holundersaft, Gelierzucker und Zitronensaft in einem großen Topf mischen. Die Mischung unter gelegentlichem Rühren bei mittlerer Temperatur erwärmen, dann auf höchster Stufe unter ständigem Rühren zum Kochen bringen. Wenn das gesamte Kochgut unter Rühren kräftig sprudelt, weitere 4 Minuten sprudelnd kochen lassen und dabei immer rühren! Anschließend die Gelierprobe machen und nach Bedarf abschäumen.
◎ Nach erfolgreicher Gelierprobe das Gelee sofort in die vorbereiteten, sterilisierten und heiß ausgespülten Gläser füllen. Mit den ebenfalls sterilisierten Deckeln verschließen und für etwa 5 Minuten kopfüber auf dem Deckel stehend ruhen lassen. Danach die Gläser wenden und vollständig abkühlen lassen.

Mispel pur

Für ca. 8–9 Gläser à 200 ml (ca. 1700 ml) ◎ Haltbar: mind. 18 Monate

Für das Mispelmus: ca. 1,5 kg genussreife Mispeln

Für die Marmelade: 800 g Mispelmus ◎ 200 ml Apfelsaft ◎ 800 g normaler Haushaltszucker

◎ Für das Mispelmus die Mispeln vorsichtig waschen, dann den offenen Kelchboden und die drei bis fünf dicken Kerne entfernen. Das Fruchtfleisch durch ein Sieb streichen oder durch den groben Einsatz der Flotten Lotte drehen. Für die Marmelade werden 800 g Mus benötigt.

◎ Für die Marmelade Mispelmus, Apfelsaft und Zucker in einem großen Topf mischen und den Zucker 1 Stunde abgedeckt einwirken lassen.

◎ Nach der Ziehzeit den Topfinhalt unter gelegentlichem Rühren bei mittlerer Temperatur erwärmen, dann auf höchster Stufe unter ständigem Rühren zum Kochen bringen. Wenn das gesamte Kochgut unter Rühren kräftig sprudelt, weitere 3–4 Minuten sprudelnd kochen lassen und dabei immer gut rühren! Anschließend die Gelierprobe machen.

◎ Nach erfolgreicher Gelierprobe die Marmelade sofort in die vorbereiteten, sterilisierten und heiß ausgespülten Gläser füllen. Mit den ebenfalls sterilisierten Deckeln verschließen und für etwa 5 Minuten kopfüber auf dem Deckel stehend ruhen lassen. Danach die Gläser wenden und vollständig abkühlen lassen.

INFO: Die Früchte des Mispelbaums (Mespilus germanica, Deutsche oder auch Gemeine Mispel) sind ein echtes Winterobst, das es nur selten zu kaufen gibt. In der Regel handelt es sich also um Früchte aus eigenem Anbau oder von verwilderten Bäumen. Der Baum hat im Frühjahr auffallend große weiße Einzelblüten, aus denen unscheinbare braune Apfelfrüchte mit etwa 3 cm Durchmesser werden. Die Mispeln reifen im Spätherbst, ab Ende Oktober, Anfang November, brauchen aber unbedingt Frost, um weich und genießbar zu sein. Einmal durchgefroren, durchlaufen die Früchte eine Art Edelfäule, dabei wird das ursprünglich sehr harte, fast weiße Fruchtfleisch teigig und braun, der Geschmack verändert sich von herbsauer und adstringierend zu süßlich, mit einer Note von Aprikose, Apfel und einem Hauch von Marzipan. Wenn das Fruchtfleisch teigig geworden ist, sind die Mispeln genussreif.

TIPP: Clevere Mispel-Liebhaber sammeln die noch harten Früchte oft schon im Spätherbst und lagern sie bis zum ersten Frost an einem geschützten Ort im Freien in Kisten oder Körben – oder aber Sie packen die Früchte für 2–3 Tage in den Gefrierschrank, um so den Prozess der Edelfäule zu starten.

Ach, und übrigens: Das in Frankfurt und Umgebung gerne genossene »Mispelchen« wird nicht aus einer heimischen Mispel hergestellt. Für dieses In-Getränk mit Calvados wird die orangefarbene Japanische Wollmispel verwendet.

Mispel mit Rum

Für ca. 8 Gläser à 200 ml (ca. 1600 ml) ◎ *Haltbar: mind. 18 Monate*

1 kg Mispelmus (siehe Seite 78) ◎ 800 g normaler Haushaltszucker ◎ 30 g Rum

◎ Für die Marmelade Mispelmus, Apfelsaft und Zucker in einem großen Topf mischen und den Zucker 1 Stunde abgedeckt einwirken lassen.

◎ Nach der Ziehzeit den Topfinhalt unter gelegentlichem Rühren bei mittlerer Temperatur erwärmen, dann auf höchster Stufe unter ständigem Rühren zum Kochen bringen. Wenn das gesamte Kochgut unter Rühren kräftig sprudelt, weitere 3–4 Minuten sprudelnd kochen lassen und dabei immer gut rühren! Anschließend die Gelierprobe machen.

◎ Nach erfolgreicher Gelierprobe den Rum unterrühren und die Marmelade sofort in die vorbereiteten, sterilisierten und heiß ausgespülten Gläser füllen. Mit den ebenfalls sterilisierten Deckeln verschließen und für etwa 5 Minuten kopfüber auf dem Deckel stehend ruhen lassen. Danach die Gläser wenden und vollständig abkühlen lassen.

TIPP: Mispelmarmelade ist eine köstliche Füllung für Plätzchen und Waffeln – und ich liebe sie in meinem Naturjoghurt!

Steinobst

Aprikose pur

Für ca. 8–9 Gläser à 200 ml (ca. 1700 ml) ◎ Haltbar: mind. 18 Monate

ca. 1,1 kg reife, goldgelbe Aprikosen ◎ 1 kg Gelierzucker 1:1 ◎ Saft von 1 Zitrone

◎ Die Aprikosen waschen, entsteinen und 1 kg Früchte abwiegen. Die Hälfte der Früchte je nach Größe vierteln oder achteln. Die übrigen Aprikosen mit einem Pürierstab zerkleinern. Alles zusammen in einem großen Topf mit dem Gelierzucker und dem Zitronensaft mischen. Die Mischung mindestens 1 Stunde abgedeckt Saft ziehen lassen.

◎ Anschließend den Topfinhalt unter gelegentlichem Rühren bei mittlerer Temperatur erwärmen, dann auf höchster Stufe unter ständigem Rühren zum Kochen bringen. Wenn das gesamte Kochgut unter Rühren kräftig sprudelt, weitere 4 Minuten sprudelnd kochen lassen und dabei immer gut rühren! Anschließend die Gelierprobe machen und nach Bedarf abschäumen.

◎ Nach erfolgreicher Gelierprobe die Marmelade sofort in die vorbereiteten, sterilisierten und heiß ausgespülten Gläser füllen. Mit den ebenfalls sterilisierten Deckeln verschließen und für etwa 5 Minuten kopfüber auf dem Deckel stehend ruhen lassen. Danach die Gläser wenden und vollständig abkühlen lassen.

Aprikose mit Lavendel und Zitronenabrieb

Für ca. 8–9 Gläser à 200 ml (ca. 1700 ml) ◎ Haltbar: mind. 18 Monate

ca. 1,1 kg reife, goldgelbe Aprikosen ◎ 1 kg Gelierzucker 1:1 ◎ 5 Stängel frische, unbehandelte Lavendelblüten ◎ 1 unbehandelte Zitrone

◎ Die Aprikosen waschen, entsteinen und 1 kg Früchte abwiegen. Die Hälfte der Früchte je nach Größe vierteln oder achteln. Die übrigen Aprikosen mit einem Pürierstab zerkleinern. Alles zusammen in einem großen Topf mit dem Gelierzucker mischen. Die Mischung mindestens 1 Stunde abgedeckt Saft ziehen lassen.

◎ Die Lavendelblüten von den Stängeln zupfen. Blüten und Stängel getrennt zur Seite stellen. Die Zitrone heiß waschen und trockentupfen. Die Schale der Zitrone fein abreiben und ebenfalls zur Seite legen. Den Saft der abgeriebenen Zitrone auspressen.

◎ Den Zitronensaft und die Stängel der Lavendelblüten zum Aprikosen-Zucker-Gemisch geben und unter gelegentlichem Rühren bei mittlerer Temperatur erwärmen, dann auf höchster Stufe unter ständigem Rühren zum Kochen bringen. Wenn das gesamte Kochgut unter Rühren kräftig sprudelt, weitere 4 Minuten sprudelnd kochen lassen und dabei immer gut rühren! Danach die Lavendelstängel aus dem Kochgut entfernen und die Gelierprobe machen. Die Marmelade nach Bedarf abschäumen.

◎ Nach erfolgreicher Gelierprobe die abgezupften Lavendelblüten und die abgeriebene Zitronenschale hinzufügen. Den Topfinhalt noch einmal aufkochen lassen und dann in die vorbereiteten, sterilisierten Gläser füllen und fest verschließen. Kurz auf den Deckel stellen, dann wenden und auskühlen lassen.

INFO: Amaretto kommt von dem italienischen Wort *amaro* (bitter). Es sind ursprünglich aus Italien stammende Liköre mit einem nussigen Aroma, das an Marzipan erinnert. Die meisten Amarettoliköre haben einen Alkoholgehalt zwischen 20 und 30 Vol.-%.

Aprikose mit Marzipan

Für ca. 8–9 Gläser à 200 ml (ca. 1700 ml) ◎ Haltbar: mind. 18 Monate

ca. 1,1 kg reife, goldgelbe Aprikosen ◎ 1 kg Gelierzucker 1:1 ◎ Saft von 1 Zitrone ◎ 100 g Marzipanrohmasse

◎ Die Aprikosen waschen, entsteinen und 1 kg Früchte abwiegen. Die Hälfte der Früchte je nach Größe vierteln oder achteln. Die übrigen Aprikosen mit einem Pürierstab zerkleinern. Alles zusammen in einem großen Topf mit dem Gelierzucker und dem Zitronensaft mischen. Die Mischung mindestens 1 Stunde abgedeckt Saft ziehen lassen.

◎ Anschließend den Topfinhalt unter gelegentlichem Rühren bei mittlerer Temperatur erwärmen, dann auf höchster Stufe unter ständigem Rühren zum Kochen bringen. Wenn das gesamte Kochgut unter Rühren kräftig sprudelt, weitere 4 Minuten sprudelnd kochen lassen und dabei immer gut rühren! Anschließend die Gelierprobe machen und nach Bedarf abschäumen.

◎ Inzwischen die Marzipanrohmasse in kleine Stücke schneiden und in einen Mixbecher geben.

◎ Nach erfolgreicher Gelierprobe einen Teil der heißen Marmelade zur Marzipanrohmasse in den Mixbecher geben. Mit dem Pürierstab die Marzipanstücke und die Aprikosenmarmelade zu einer homogenen Masse verarbeiten.

◎ Den Topf von der Kochstelle nehmen. Das Aprikosen-Marzipan-Gemisch aus dem Mixbecher zurück in den Topf zur restlichen Masse geben und den gesamten Topfinhalt mit dem Pürierstab oder einem Schneebesen gründlich vermischen.

◎ Das Ganze noch einmal kurz aufwallen lassen. Danach in die vorbereiteten, sterilisierten Gläser füllen, sofort verschließen und für etwa 5 Minuten kopfüber auf den Deckel stellen. Wenden und auskühlen lassen.

Aprikose mit Amaretto

Für ca. 8–9 Gläser à 200 ml (ca. 1700 ml) ◎ Haltbar: mind. 18 Monate

ca. 1,1 kg reife, goldgelbe Aprikosen ◎ 1 kg Gelierzucker 1:1 ◎ 1 EL frisch gepresster Zitronensaft ◎ 30 g Amaretto (italienischer Mandellikör)

◎ Die Aprikosen waschen, entsteinen und 1 kg Früchte abwiegen. Die Hälfte der Früchte je nach Größe vierteln oder achteln. Die übrigen Aprikosen mit einem Pürierstab zerkleinern. Alles zusammen in einem großen Topf mit dem Gelierzucker und den Zitronensaft mischen. Die Mischung mindestens 1 Stunde abgedeckt Saft ziehen lassen.

◎ Nach der Ziehzeit den Topfinhalt unter gelegentlichem Rühren bei mittlerer Temperatur erwärmen, dann auf höchster Stufe unter ständigem Rühren zum Kochen bringen. Wenn das gesamte Kochgut unter Rühren kräftig sprudelt, weitere 4 Minuten sprudelnd kochen lassen und dabei immer gut rühren! Anschließend die Gelierprobe machen und abschäumen.

◎ Erst nach erfolgreicher Gelierprobe den Amarettolikör hinzufügen und kräftig unterrühren. Die heiße Masse sofort in die vorbereiteten, sterilisierten und heiß ausgespülten Gläser füllen. Mit den ebenfalls sterilisierten Deckeln verschließen und für etwa 5 Minuten auf dem Deckel stehend ruhen lassen. Dann wenden und vollständig abkühlen lassen.

Aprikose mit gerösteten Mandeln

Für ca. 8–9 Gläser à 200 ml (ca. 1700 ml) ◎ Haltbar: mind. 18 Monate

ca. 1,1 kg reife, goldgelbe Aprikosen ◎ 1 kg Gelierzucker 1:1 ◎ Saft von 1 Zitrone ◎ 100 g Mandelblättchen

◎ Die Aprikosen waschen, entsteinen und 1 kg Früchte abwiegen. Die Hälfte der Früchte je nach Größe vierteln oder achteln. Die übrigen Aprikosen mit einem Pürierstab zerkleinern. Alles zusammen in einem großen Topf mit dem Gelierzucker und dem Zitronensaft mischen. Die Mischung mindestens 1 Stunde abgedeckt Saft ziehen lassen.

◎ Inzwischen die Mandelblättchen in einer fettfreien, unbeschichteten Pfanne goldbraun rösten. Anschließend in eine hitzebeständige Schüssel umfüllen, etwas abkühlen lassen und dann in kleine Stücke brechen.

◎ Wenn die Aprikosen genügend Saft gezogen haben, die Masse unter gelegentlichem Rühren bei mittlerer Temperatur erwärmen, dann auf höchster Stufe unter ständigem Rühren zum Kochen bringen. Wenn das gesamte Kochgut unter Rühren kräftig sprudelt, weitere 4 Minuten sprudelnd kochen lassen und dabei immer gut rühren! 1 Minute vor Ende der Kochzeit die Mandelblättchen zu den Aprikosen geben und kräftig mitkochen lassen. Anschließend die Gelierprobe machen.

◎ Nach erfolgreicher Gelierprobe die Marmelade sofort in die vorbereiteten, sterilisierten und heiß ausgespülten Gläser füllen. Mit den ebenfalls sterilisierten Deckeln verschließen und für etwa 5 Minuten kopfüber auf dem Deckel stehend ruhen lassen. Danach die Gläser wenden und vollständig abkühlen lassen.

INFO: Wichtig: Die Mandeln müssen sofort aus der Pfanne genommen werden, sobald sie die gewünschte Farbe bekommen haben, da sie andernfalls in der inzwischen sehr heißen Pfanne sofort verbrennen! Am besten benutzen Sie dafür ein sauberes, trockenes Baumwoll-Geschirrtuch und wischen damit die Mandeln in eine hitzebeständige Schüssel. (Achten Sie unbedingt darauf, die Pfanne dabei nicht zu berühren!) Darin können die Mandeln etwas abkühlen. Sobald Sie die Mandeln anfassen können, ohne sich die Hände zu verbrennen, können Sie die Mandelblättchen ganz leicht in kleine Stückchen brechen.

Aprikose mit Riesling

Für ca. 8–9 Gläser à 200 ml (ca. 1700 ml) ◎ Haltbar: mind. 18 Monate

ca. 700 g reife Aprikosen ◎ 1 kg Gelierzucker 1:1 ◎ 1 EL frisch gepresster Zitronensaft ◎ 230 g Riesling

◎ Die Aprikosen waschen, entsteinen und 675 g Früchte abwiegen. Die Hälfte der Früchte je nach Größe vierteln oder achteln. Die übrigen Aprikosen mit einem Pürierstab zerkleinern. Alles zusammen in einem großen Topf mit dem Gelierzucker und dem Zitronensaft mischen. Den Riesling hinzufügen, verrühren und die Mischung mindestens 1 Stunde abgedeckt Saft ziehen lassen.

◎ Nach der Ziehzeit den Topfinhalt unter gelegentlichem Rühren bei mittlerer Temperatur erwärmen, dann auf höchster Stufe unter ständigem Rühren zum Kochen bringen. Wenn das gesamte Kochgut unter Rühren kräftig sprudelt, weitere 4 Minuten sprudelnd kochen lassen und dabei immer gut rühren! Anschließend die Gelierprobe machen und nach Bedarf abschäumen.

◎ Nach erfolgreicher Gelierprobe die Marmelade sofort in die vorbereiteten, sterilisierten und heiß ausgespülten Gläser füllen. Mit den ebenfalls sterilisierten Deckeln verschließen und für etwa 5 Minuten kopfüber auf dem Deckel stehend ruhen lassen. Danach die Gläser wenden und vollständig abkühlen lassen.

Kirsch und Kirsch

Für ca. 8–9 Gläser à 200 ml (ca. 1700 ml) ◎ *Haltbar: mind. 18 Monate*
500 g entsteinte Süßkirschen ◎ 500 g entsteinte Sauerkirschen ◎
1 kg Gelierzucker 1:1 ◎ Saft von 1 Zitrone

◎ Süß- und Sauerkirschen, Gelierzucker und Zitronensaft in einem großen Topf mischen. Die Mischung mindestens 1 Stunde abgedeckt Saft ziehen lassen.
◎ Nach dieser Zeit den Topfinhalt unter gelegentlichem Rühren bei mittlerer Temperatur erwärmen, dann auf höchster Stufe unter ständigem Rühren zum Kochen bringen. Wenn das gesamte Kochgut unter Rühren kräftig sprudelt, weitere 4 Minuten sprudelnd kochen lassen und dabei immer gut rühren! Für eine homogene Marmelade empfiehlt es sich, die Masse jetzt kurz mit dem Pürierstab zu bearbeiten. Anschließend die Gelierprobe machen und nach Bedarf abschäumen.
◎ Nach erfolgreicher Gelierprobe die Marmelade sofort in die vorbereiteten, sterilisierten und heiß ausgespülten Gläser füllen. Mit den ebenfalls sterilisierten Deckeln verschließen und für etwa 5 Minuten kopfüber auf dem Deckel stehend ruhen lassen. Danach die Gläser wenden und vollständig abkühlen lassen.

TIPP: Wer es gerne samtig mag, kann nach dem Kochen die Masse auch komplett pürieren.

Kirsche mit Ingwer und Chili

Für ca. 8–9 Gläser à 200 ml (ca. 1700 ml) ◎ *Haltbar: mind. 18 Monate*
1 kg entsteinte Süßkirschen ◎ 1 kg Gelierzucker 1:1 ◎ Saft von 1 Zitrone ◎
40 g frischer Ingwer ◎ 1 Chilischote

◎ Kirschen, Gelierzucker und Zitronensaft in einem großen Topf mischen. Die Mischung mindestens 1 Stunde abgedeckt Saft ziehen lassen.
◎ Inzwischen den frischen Ingwer schälen. Das geht am leichtesten, wenn man die dünne Schale mit einem Teelöffel leicht abschabt. Den Ingwer in feine kleine Würfelchen schneiden. Die Chilischote aufschneiden und, je nach Schärfewunsch, die Kerne entfernen. Die Schote ebenfalls sehr fein würfeln.
◎ Nach der Ziehzeit den Ingwer und die Chili zu den Kirschen geben. Den Topfinhalt unter gelegentlichem Rühren bei mittlerer Temperatur erwärmen, dann auf höchster Stufe unter ständigem Rühren zum Kochen bringen. Wenn das gesamte Kochgut unter Rühren kräftig sprudelt, weitere 4 Minuten sprudelnd kochen lassen und dabei immer gut rühren! Anschließend die Gelierprobe machen und die Marmelade abschäumen.
◎ Nach erfolgreicher Gelierprobe die Marmelade sofort in die vorbereiteten, sterilisierten und heiß ausgespülten Gläser füllen. Mit den ebenfalls sterilisierten Deckeln verschließen und für etwa 5 Minuten kopfüber auf dem Deckel stehend ruhen lassen. Danach die Gläser wenden und vollständig abkühlen lassen.

Kirsche mit Zartbitterschokolade und Kirschwasser

Für ca. 8–9 Gläser à 200 ml (ca. 1700 ml) ◎ Haltbar: mind. 18 Monate

1 kg entsteinte Sauerkirschen ◎ 1 kg Gelierzucker 1:1 ◎ Saft von 1 Zitrone ◎ 50 g Zartbitterschokolade ◎ 30 g Kirschwasser

◎ Kirschen, Gelierzucker und Zitronensaft in einem großen Topf mischen. Die Mischung mindestens 1 Stunde abgedeckt Saft ziehen lassen.

◎ Inzwischen die Zartbitterschokolade grob hacken.

◎ Nach der Ziehzeit den Topfinhalt unter gelegentlichem Rühren bei mittlerer Temperatur erwärmen, dann auf höchster Stufe unter ständigem Rühren zum Kochen bringen. Wenn das gesamte Kochgut unter Rühren kräftig sprudelt, weitere 4 Minuten sprudelnd kochen lassen und dabei immer gut rühren! Anschließend die Gelierprobe machen und die Marmelade abschäumen.

◎ Nach erfolgreicher Gelierprobe die Schokolade und das Kirschwasser gründlich unterrühren. Die Masse noch einmal kurz aufwallen lassen, dann sofort in die vorbereiteten, sterilisierten und heiß ausgespülten Gläser füllen. Mit den ebenfalls sterilisierten Deckeln verschließen und für etwa 5 Minuten kopfüber auf dem Deckel stehend ruhen lassen. Danach die Gläser wenden und vollständig abkühlen lassen.

INFO: Zartbitterschokolade enthält mindestens 50 % Kakaomasse, 18 % Kakaobutter und mindestens 14 % Kakaotrockenmasse. Ein leicht bitterer Geschmack und die dunkle Farbe sind ihr Kennzeichen. Je dunkler die Schokolade ist, umso mehr Kakao enthält sie – und hat dafür einen geringeren oder häufig gar keinen Milchanteil und ist somit auch für Veganer geeignet.

Kirsch-Espresso-Gelee

Diese Marmelade ist ideal für alle Kaffee-Liebhaber und diejenigen, die vor dem ersten Kaffee am Morgen lieber nicht angesprochen werden wollen.

Für ca. 7 Gläser à 200 ml (ca. 1400 ml) ◎ Haltbar: mind. 18 Monate

600 ml süßer Kirschsaft ◎ 100 ml starker Espresso ◎ 1 kg Gelierzucker 1:1 ◎ 1 EL frisch gepresster Zitronensaft

◎ Kirschsaft, Espresso, Gelierzucker und Zitronensaft mischen. Die Mischung unter gelegentlichem Rühren bei mittlerer Temperatur erwärmen, dann auf höchster Stufe unter ständigem Rühren zum Kochen bringen. Wenn das gesamte Kochgut unter Rühren kräftig sprudelt, weitere 4 Minuten sprudelnd kochen lassen und dabei immer gut rühren! Anschließend die Gelierprobe machen und das Gelee abschäumen.

◎ Nach erfolgreicher Gelierprobe das Gelee sofort in die vorbereiteten, sterilisierten und heiß ausgespülten Gläser füllen. Mit den ebenfalls sterilisierten Deckeln verschließen und für etwa 5 Minuten kopfüber auf dem Deckel stehend ruhen lassen. Dann die Gläser wenden und vollständig abkühlen lassen.

Kirsche mit Holunder

Für ca. 8–9 Gläser à 200 ml (ca. 1700 ml) ◎ Haltbar: mind. 18 Monate

600 g entsteinte Sauerkirschen ◎ 1 kg Gelierzucker 1:1 ◎ 250 ml Holundersaft ◎ 1 EL frisch gepresster Zitronensaft

◎ Die Sauerkirschen in einem großen Topf mit dem Gelierzucker mischen und mindestens 1 Stunde abgedeckt Saft ziehen lassen.

◎ Nach der Ziehzeit den Holundersaft und den Zitronensaft zufügen und mit der Kirsch-Zucker-Mischung verrühren. Den Topfinhalt unter gelegentlichem Rühren bei mittlerer Temperatur erwärmen, dann auf höchster Stufe unter ständigem Rühren zum Kochen bringen. Wenn das gesamte Kochgut unter Rühren kräftig sprudelt, weitere 4 Minuten sprudelnd kochen lassen und dabei immer gut rühren! Anschließend die Gelierprobe machen und die Marmelade abschäumen.

◎ Nach erfolgreicher Gelierprobe die Marmelade sofort in die vorbereiteten, sterilisierten und heiß ausgespülten Gläser füllen. Mit den ebenfalls sterilisierten Deckeln verschließen und für etwa 5 Minuten kopfüber auf dem Deckel stehend ruhen lassen. Danach die Gläser wenden und vollständig abkühlen lassen.

Sauerkirsch pur

Für ca. 8–9 Gläser à 200 ml (ca. 1700 ml) ◎ Haltbar: mind. 18 Monate

1 kg entsteinte Sauerkirschen ◎ 1 kg Gelierzucker 1:1 ◎ 1 EL frisch gepresster Zitronensaft

◎ Die Sauerkirschen etwas zerkleinern. In einem großen Topf mit dem Gelierzucker und Zitronensaft mischen. Die Mischung 1 Stunde abgedeckt Saft ziehen lassen.

◎ Nach der Ziehzeit den Topfinhalt unter gelegentlichem Rühren bei mittlerer Temperatur erwärmen, dann auf höchster Stufe unter ständigem Rühren zum Kochen bringen. Wenn das gesamte Kochgut unter Rühren kräftig sprudelt, weitere 4 Minuten sprudelnd kochen lassen und dabei immer gut rühren! Anschließend die Gelierprobe machen und die Marmelade abschäumen.

◎ Nach erfolgreicher Gelierprobe die Marmelade sofort in die vorbereiteten, sterilisierten und heiß ausgespülten Gläser füllen. Mit den ebenfalls sterilisierten Deckeln verschließen und für etwa 5 Minuten kopfüber auf dem Deckel stehend ruhen lassen. Danach die Gläser wenden und vollständig abkühlen lassen.

Variante

◎ Für eine gehaltvolle Variante geben Sie direkt vor dem Abfüllen in die Gläser noch 30 ml Kirschwasser zur heißen Masse – dann nur noch einmal umrühren und nicht mehr kochen!

Sauerkirsch mit Marzipan und Zartbitterschokolade

Für ca. 8–9 Gläser à 200 ml (ca. 1700 ml) ◎ Haltbar: mind. 18 Monate

1 kg entsteinte Sauerkirschen ◎ 1 kg Gelierzucker 1:1 ◎ Saft von 1 Zitrone ◎ 50 g Zartbitterschokolade ◎ 100 g Marzipanrohmasse

◎ Die Sauerkirschen grob zerkleinern. Anschließend in einem großen Topf mit dem Gelierzucker und dem Zitronensaft mischen. Die Mischung mindestens 1 Stunde abgedeckt Saft ziehen lassen.

◎ Inzwischen die Zartbitterschokolade grob hacken. Die Marzipanrohmasse in kleine Stücke schneiden und in einen Mixbecher geben.

◎ Nach der Ziehzeit den Topfinhalt unter gelegentlichem Rühren bei mittlerer Temperatur erwärmen, dann auf höchster Stufe unter ständigem Rühren zum Kochen bringen. Wenn das gesamte Kochgut unter Rühren kräftig sprudelt, weitere 4 Minuten sprudelnd kochen lassen und dabei immer gut rühren! Anschließend die Gelierprobe machen und nach Bedarf abschäumen.

◎ Nach erfolgreicher Gelierprobe einen Teil der heißen Marmelade zur Marzipanrohmasse in den Mixbecher geben. Mit dem Pürierstab zu einer homogenen, glatten Masse verarbeiten. Diese zurück in den Topf zur restlichen Marmelade geben und alles noch einmal kurz aufwallen lassen. Danach die Schokolade unterrühren.

◎ Die Marmelade sofort in die vorbereiteten, sterilisierten und heiß ausgespülten Gläser füllen. Mit den ebenfalls sterilisierten Deckeln verschließen und für etwa 5 Minuten kopfüber auf dem Deckel stehend ruhen lassen. Danach die Gläser wenden und vollständig abkühlen lassen.

Mirabelle pur

Für ca. 8–9 Gläser à 200 ml (ca. 1700 ml) ◎ *Haltbar: mind. 18 Monate*
ca. 1,1 kg Mirabellen ◎ 1 kg Gelierzucker 1:1 ◎ 1 EL frisch gepresster Zitronensaft

◎ Die Mirabellen waschen, entsteinen und 1 kg Früchte abwiegen. Die Früchte zerkleinern und mit dem Gelierzucker und Zitronensaft mischen. Die Mischung mindestens 1 Stunde abgedeckt Saft ziehen lassen.
◎ Nach dieser Zeit den Topfinhalt unter gelegentlichem Rühren bei mittlerer Temperatur erwärmen, dann auf höchster Stufe unter ständigem Rühren zum Kochen bringen. Wenn das gesamte Kochgut unter Rühren kräftig sprudelt, weitere 4 Minuten sprudelnd kochen lassen und dabei immer gut rühren! Anschließend die Gelierprobe machen und die Marmelade abschäumen.
◎ Nach erfolgreicher Gelierprobe die Marmelade sofort in die vorbereiteten, sterilisierten und heiß ausgespülten Gläser füllen. Mit den ebenfalls sterilisierten Deckeln verschließen und für etwa 5 Minuten kopfüber auf dem Deckel stehend ruhen lassen. Danach die Gläser wenden und vollständig abkühlen lassen.

Mirabelle mit Mirabellenbrand

Für ca. 8–9 Gläser à 200 ml (ca. 1700 ml) ◎ *Haltbar: mind. 18 Monate*
ca. 1,1 kg Mirabellen ◎ 1 kg Gelierzucker 1:1 ◎ 1 EL frisch gepresster Zitronensaft ◎ 30 g Mirabellenbrand

◎ Die Mirabellen waschen, entsteinen und 1 kg Früchte abwiegen. Die Früchte zerkleinern und mit dem Gelierzucker und Zitronensaft mischen. Die Mischung mindestens 1 Stunde abgedeckt Saft ziehen lassen.
◎ Nach dieser Zeit den Topfinhalt unter gelegentlichem Rühren bei mittlerer Temperatur erwärmen, dann auf höchster Stufe unter ständigem Rühren zum Kochen bringen. Wenn das gesamte Kochgut unter Rühren kräftig sprudelt, weitere 4 Minuten sprudelnd kochen lassen und dabei immer gut rühren! Anschließend die Gelierprobe machen und die Marmelade abschäumen.
◎ Erst nach erfolgreicher Gelierprobe den Mirabellenbrand schnell und gründlich unterrühren. Die heiße Masse sofort in die vorbereiteten, sterilisierten und heiß ausgespülten Gläser füllen. Mit den ebenfalls sterilisierten Deckeln verschließen und für etwa 5 Minuten auf dem Deckel stehend ruhen lassen. Dann wenden und vollständig abkühlen lassen.

INFO: Mirabellenbrand ist ein Obstbrand aus Mirabellen, der meist von kleineren Destillerien hergestellt wird.

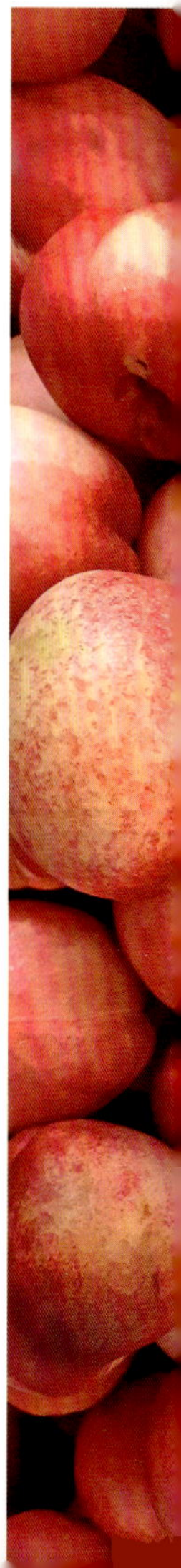

Nektarine pur

Für ca. 8–9 Gläser à 200 ml (ca. 1700 ml) ◎ *Haltbar: mind. 18 Monate*

ca. 1,1 kg Nektarinen ◎ 1 kg Gelierzucker 1:1 ◎ 1 EL frisch gepresster Zitronensaft

◎ Die Nektarinen waschen, entsteinen, 1 kg Früchte abwiegen und in etwa 1 cm große Würfel schneiden. In einem großen Topf mit dem Gelierzucker und Zitronensaft mischen. Abgedeckt etwa 1 Stunde zum Saftziehen ruhen lassen.

◎ Nach dieser Zeit den Topfinhalt unter gelegentlichem Rühren bei mittlerer Temperatur erwärmen, dann auf höchster Stufe unter ständigem Rühren zum Kochen bringen. Wenn das gesamte Kochgut unter Rühren kräftig sprudelt, weitere 4 Minuten sprudelnd kochen lassen und dabei immer gut rühren! Anschließend die Gelierprobe machen und die Marmelade abschäumen.

◎ Nach erfolgreicher Gelierprobe die Marmelade sofort in die vorbereiteten, sterilisierten und heiß ausgespülten Gläser füllen. Mit den ebenfalls sterilisierten Deckeln verschließen und für etwa 5 Minuten kopfüber auf dem Deckel stehend ruhen lassen. Danach die Gläser wenden und vollständig abkühlen lassen.

Nektarine mit Prosecco

Für ca. 8–9 Gläser à 200 ml (ca. 1700 ml) ◎ *Haltbar: mind. 18 Monate*

ca. 850 g Nektarinen ◎ 1 kg Gelierzucker 1:1 ◎ Saft von 1 Zitrone ◎ 200 ml Prosecco

◎ Die Nektarinen waschen, entsteinen, 720 g Früchte abwiegen und in etwa 1 cm große Würfel schneiden. In einem großen Topf mit dem Zucker und Zitronensaft mischen. Die Mischung 1 Stunde abgedeckt Saft ziehen lassen.

◎ Nach der Ziehzeit etwa zwei Drittel des Proseccos angießen und mit der Nektarinen-Zucker-Mischung verrühren. Den Topfinhalt unter gelegentlichem Rühren bei mittlerer Temperatur erwärmen, dann auf höchster Stufe unter ständigem Rühren zum Kochen bringen. Wenn das gesamte Kochgut unter Rühren kräftig sprudelt, weitere 4 Minuten sprudelnd kochen lassen und dabei immer gut rühren! Anschließend die Gelierprobe machen und nach Bedarf abschäumen.

◎ Erst nach erfolgreicher Gelierprobe das letzte Drittel Prosecco unter die Nektarinen-Marmelade rühren. Die Marmelade sofort in die vorbereiteten, sterilisierten und heiß ausgespülten Gläser füllen. Mit den ebenfalls sterilisierten Deckeln verschließen und für etwa 5 Minuten kopfüber auf dem Deckel stehend ruhen lassen. Danach die Gläser wenden und vollständig abkühlen lassen.

Pfirsich pur

Für ca. 8–9 Gläser à 200 ml (ca. 1700 ml) ◎ *Haltbar: mind. 18 Monate*

ca. 1,1 kg vollreife, saftige Pfirsiche ◎ 1 kg Gelierzucker 1:1 ◎ 1 EL frisch gepresster Zitronensaft

◎ Die Pfirsiche waschen, entsteinen, 1 kg Früchte abwiegen und in etwa 1 cm große Würfel schneiden. In einem großen Topf mit dem Gelierzucker und Zitronensaft mischen. Die Mischung 1 Stunde abgedeckt Saft ziehen lassen.

◎ Nach der Ziehzeit den Topfinhalt unter gelegentlichem Rühren bei mittlerer Temperatur erwärmen, dann auf höchster Stufe unter ständigem Rühren zum Kochen bringen. Achtung: Die Masse brennt gerne an! Wenn das gesamte Kochgut unter Rühren kräftig sprudelt, weitere 4 Minuten sprudelnd kochen lassen und dabei immer gut rühren! Anschließend die Gelierprobe machen und nach Bedarf abschäumen.

◎ Nach erfolgreicher Gelierprobe die Marmelade sofort in die vorbereiteten, sterilisierten und heiß ausgespülten Gläser füllen. Mit den ebenfalls sterilisierten Deckeln verschließen und für etwa 5 Minuten kopfüber auf dem Deckel stehend ruhen lassen. Danach die Gläser wenden und vollständig abkühlen lassen.

TIPP: Wenn Sie Pfirsichmarmelade gerne samtig mögen, die Masse unbedingt erst nach der kompletten Kochzeit pürieren.

Pfirsich mit Champagner

Eine richtig hochwertige und feine Marmelade, dafür werden sogar die Pfirsiche geschält.

Für ca. 8–9 Gläser à 200 ml (ca. 1700 ml) ◎ Haltbar: mind. 18 Monate

ca. 850 g Pfirsiche ◎ 1 kg Gelierzucker 1:1 ◎ Saft von 1 Zitrone ◎ 200 ml Champagner

◎ Die Haut der Pfirsiche über Kreuz einritzen und die Pfirsiche kurz in heißem Wasser blanchieren, dann in Eiswasser kurz abschrecken. So lässt sich die Haut ganz leicht und einfach abziehen.

◎ Die gehäuteten Früchte halbieren, entsteinen, 720 g Früchte abwiegen und in etwa 1 cm große Würfel schneiden. In einem großen Topf mit dem Gelierzucker und dem Zitronensaft mischen. Die Mischung mindestens 1 Stunde abgedeckt Saft ziehen lassen.

◎ Nach der Ziehzeit etwa zwei Drittel des Champagners angießen und mit der Pfirsich-Zucker-Mischung verrühren. Den Topfinhalt unter gelegentlichem Rühren bei mittlerer Temperatur erwarmen, dann auf höchster Stufe unter ständigem Rühren zum Kochen bringen. Wenn das gesamte Kochgut unter Rühren kräftig sprudelt, weitere 4 Minuten sprudelnd kochen lassen und dabei immer gut rühren! Anschließend die Gelierprobe machen und nach Bedarf abschäumen.

◎ Erst nach erfolgreicher Gelierprobe den restlichen Champagner hinzufügen und gründlich mit der Marmelade verrühren. Dann sofort in die vorbereiteten, sterilisierten und heiß ausgespülten Gläser füllen. Mit den ebenfalls sterilisierten Deckeln verschließen und für etwa 5 Minuten kopfüber auf dem Deckel stehend ruhen lassen. Danach die Gläser wenden und vollständig abkühlen lassen.

INFO: Champagner darf sich nur ein Schaumwein nennen, der aus einem Cuvée der drei festgelegten Rebsorten, der roten Reben von Pinot noir (Spätburgunder) und Pinot meunier (Schwarzriesling) sowie der weißen Rebsorte Chardonnay besteht. Die Trauben müssen ausschließlich in der Region Champagne in Frankreich gewachsen, von Hand geerntet, verarbeitet und in Flaschen abgefüllt werden. Auch gibt es jedes Jahr eine Höchstmenge, die als Champagner verkauft werden darf. All diese Vorgaben erklären die Besonderheit dieses köstlichen Getränkes – und auch den Preis.

Pfirsich mit Rosmarin

Für ca. 8–9 Gläser à 200 ml (ca. 1700 ml) ◎ *Haltbar: mind. 18 Monate*
ca. 1,2 kg vollreife, saftige Pfirsiche ◎ 1 kg Gelierzucker 1:1 ◎ Saft von 1 Zitrone ◎ 3 Rosmarinzweige à 10 cm

◎ Die Pfirsiche waschen und den Kern entfernen. 1 kg Fruchtfleisch abwiegen, in grobe Würfel schneiden und mit dem Gelierzucker und Zitronensaft in einem großen Topf mischen. Zwei Rosmarinzweige dazugeben und die Mischung abgedeckt etwa 1 Stunde Saft ziehen lassen.
◎ Nach der Ziehzeit den Topfinhalt unter gelegentlichem Rühren bei mittlerer Temperatur erwärmen, dann auf höchster Stufe unter ständigem Rühren zum Kochen bringen. Wenn das gesamte Kochgut unter Rühren kräftig sprudelt, weitere 4 Minuten sprudelnd kochen lassen und dabei immer gut rühren! Achtung: Die Masse brennt gerne an!
◎ Inzwischen die Nadeln vom übrigen Zweig Rosmarin streifen und sehr fein hacken. Dazu am besten 1 TL der heißen Marmeladenmasse über die Nadeln geben, dann springen sie beim Hacken nicht vom Brett. Die gehackten Rosmarinnadeln in die heiße Pfirsichmasse geben.
◎ Den Topf vom Herd nehmen und die beiden Rosmarinzweige aus der Masse entfernen. Die Gelierprobe machen.
◎ Nach erfolgreicher Gelierprobe die Marmelade noch einmal aufkochen und sofort in die vorbereiteten, sterilisierten und heiß ausgespülten Gläser füllen. Mit den ebenfalls sterilisierten Deckeln verschließen und für ca. 5 Minuten auf dem Deckel stehend ruhen lassen. Dann wenden und vollständig abkühlen lassen.

TIPP: Diese Marmelade passt außer zu Käse und Schinken auch hervorragend zu Terrinen und Pasteten.

Pfirsich mit kandiertem Ingwer

Für ca. 8–9 Gläser à 200 ml (ca. 1700 ml) ⊚ *Haltbar: mind. 18 Monate*

ca. 1,2 kg vollreife, saftige Pfirsiche ⊚ 1 kg Gelierzucker 1:1 ⊚ Saft von 1 Zitrone ⊚ 80 g kandierter Ingwer

⊚ Die Pfirsiche waschen und entkernen. 1 kg Fruchtfleisch abwiegen, in 1 x 1 cm große Würfel schneiden und in einem großen Topf mit dem Gelierzucker und Zitronensaft mischen. Den kandierten Ingwer in sehr kleine Würfel schneiden und dazugeben. Die Mischung abgedeckt mindestens 1 Stunde Saft ziehen lassen.

⊚ Nach der Ziehzeit den Topfinhalt unter gelegentlichem Rühren bei mittlerer Temperatur erwärmen, dann auf höchster Stufe unter ständigem Rühren zum Kochen bringen. Wenn das gesamte Kochgut unter Rühren kräftig sprudelt, weitere 4 Minuten sprudelnd kochen lassen und dabei immer gut rühren! (Achtung: Die Masse brennt gerne an!) Anschließend die Gelierprobe machen.

⊚ Nach erfolgreicher Gelierprobe die Marmelade sofort in die vorbereiteten, sterilisierten und heiß ausgespülten Gläser füllen. Mit den ebenfalls sterilisierten Deckeln verschließen und für etwa 5 Minuten kopfüber auf dem Deckel stehend ruhen lassen. Dann die Gläser wenden und vollständig abkühlen lassen.

Weinbergpfirsich mit Holunder

Für ca. 8–9 Gläser à 200 ml (ca. 1700 ml) ⊚ *Haltbar: mind. 18 Monate*

ca. 750 g Weinbergpfirsiche ⊚ 300 ml Holundersaft ⊚ 1 kg Gelierzucker 1:1 ⊚ Saft von 1 Zitrone

⊚ Die Pfirsiche schälen (siehe Seite 100 »Weinbergpfirsich pur«), entsteinen, 600 g Früchte abwiegen und in Stücke schneiden. Die Früchte in einem großen Topf mit dem Holundersaft, dem Gelierzucker und dem Zitronensaft mischen. Die Mischung mindestens 1 Stunde abgedeckt Saft ziehen lassen.

⊚ Nach der Ziehzeit den Topfinhalt unter gelegentlichem Rühren bei mittlerer Temperatur erwärmen, dann auf höchster Stufe unter ständigem Rühren zum Kochen bringen. Wenn das gesamte Kochgut unter Rühren kräftig sprudelt, weitere 4 Minuten sprudelnd kochen lassen und dabei immer gut rühren (Achtung: Die Masse spritzt und brennt sehr schnell an!). Anschließend die Gelierprobe machen.

⊚ Dann den Topf von der Kochstelle nehmen und die Masse mit einem Stabmixer pürieren, bis sie eine geschmeidige Textur erhalten hat. Danach noch einmal kurz aufwallen lassen und in die vorbereiteten, sterilisierten Gläser füllen. Mit den ebenfalls sterilisierten Deckeln verschließen und für etwa 5 Minuten kopfüber auf dem Deckel stehend ruhen lassen. Danach die Gläser wenden und vollständig abkühlen lassen.

Weinbergpfirsich pur

Für ca. 8–9 Gläser à 200 ml (ca. 1700 ml) ◎ *Haltbar: mind. 18 Monate*

ca. 1,2 kg Weinbergpfirsiche ◎ 1 kg Gelierzucker 1:1 ◎ Saft von 1 Zitrone

◎ Die Pfirsiche schälen (siehe Tipp), entsteinen, 1 kg Früchte abwiegen und in Stücke schneiden. Die Früchte in einem großen Topf mit dem Gelierzucker und dem Zitronensaft mischen. Die Mischung mindestens 1 Stunde abgedeckt Saft ziehen lassen.

◎ Nach der Ziehzeit den Topfinhalt unter gelegentlichem Rühren bei mittlerer Temperatur erwärmen, dann auf höchster Stufe unter ständigem Rühren zum Kochen bringen. Wenn das gesamte Kochgut unter Rühren kräftig sprudelt, weitere 4 Minuten sprudelnd kochen lassen und dabei immer gut rühren (Achtung: Die Masse spritzt und brennt sehr schnell an!) Anschließend die Gelierprobe machen.

◎ Nach erfolgreicher Gelierprobe die Marmelade noch einmal kurz aufwallen, dann sofort in die vorbereiteten, sterilisierten und heiß ausgespülten Gläser füllen. Mit den ebenfalls sterilisierten Deckeln verschließen und für etwa 5 Minuten kopfüber auf dem Deckel stehend ruhen lassen. Danach die Gläser wenden und vollständig abkühlen lassen.

TIPPS: Reife Weinbergpfirsiche haben ein wunderbares Aroma – aber leider auch eine sehr zähe, pelzige Haut, weshalb sie unbedingt geschält werden müssen. Dafür die Pfirsiche kurz in kochendes Wasser geben. Mit dem Schaumlöffel wieder herausnehmen und in eiskaltes Wasser tauchen. Durch diese Behandlung löst sich die dünne Haut leicht vom Pfirsich, den Sie jetzt halbieren, entsteinen und klein schneiden können.

Die Pfirsichstücke verkochen nur zum Teil. Falls Sie also bei Ihrer Marmelade eine samtartige Textur bevorzugen, müssen Sie die Masse noch pürieren – aber erst nach erfolgreicher Gelierprobe, weil sie in püriertem Zustand noch schneller anbrennt, als wenn sie stückig ist.

Weißer Plattpfirsich mit Himbeere

Für ca. 8–9 Gläser à 200 ml (ca. 1700 ml) ◎ Haltbar: mind. 18 Monate
ca. 750 g reife, vollsaftige Pfirsiche ◎ 1 kg Gelierzucker 1:1 ◎ Saft von 1 Zitrone ◎ 400 g Himbeeren

◎ Die Pfirsiche waschen und entkernen. 1 kg Fruchtfleisch abwiegen, in 1 x 1 cm große Würfel schneiden und in einem großen Topf mit dem Gelierzucker und Zitronensaft mischen. Die Himbeeren trocken verlesen (aber nicht waschen), dazugeben und unterrühren. Die Mischung abgedeckt mindestens 1 Stunde Saft ziehen lassen.
◎ Nach der Ziehzeit den Topfinhalt unter gelegentlichem Rühren bei mittlerer Temperatur erwärmen, dann auf höchster Stufe unter ständigem Rühren zum Kochen bringen. Wenn das gesamte Kochgut unter Rühren kräftig sprudelt, weitere 4 Minuten sprudelnd kochen lassen und dabei immer gut rühren! (Achtung: Die Masse brennt gerne an!) Anschließend die Gelierprobe machen.
◎ Nach erfolgreicher Gelierprobe die Marmelade sofort in die vorbereiteten, sterilisierten und heiß ausgespülten Gläser füllen. Mit den ebenfalls sterilisierten Deckeln verschließen und für etwa 5 Minuten kopfüber auf dem Deckel stehend ruhen lassen. Dann die Gläser wenden und vollständig abkühlen lassen.

Pflaume pur

Für ca. 8–9 Gläser à 200 ml (ca. 1700 ml) ◎ *Haltbar: mind. 18 Monate*

ca. 1,1 kg reife, blaue Pflaumen ◎ 1 kg Gelierzucker 1:1 ◎ 1 EL frisch gepresster Zitronensaft

◎ Die Pflaumen waschen, entsteinen, 1 kg Früchte abwiegen und vierteln. In einem großen Topf mit dem Gelierzucker und Zitronensaft mischen. Die Mischung 1 Stunde abgedeckt Saft ziehen lassen.

◎ Nach der Ziehzeit den Topfinhalt unter gelegentlichem Rühren bei mittlerer Temperatur erwärmen, dann auf höchster Stufe unter ständigem Rühren zum Kochen bringen. Wenn das gesamte Kochgut unter Rühren kräftig sprudelt, weitere 4 Minuten sprudelnd kochen lassen und dabei immer gut rühren! Anschließend die Gelierprobe machen und die Marmelade abschäumen.

◎ Nach erfolgreicher Gelierprobe die Marmelade sofort in die vorbereiteten, sterilisierten und heiß ausgespülten Gläser füllen. Mit den ebenfalls sterilisierten Deckeln verschließen und für etwa 5 Minuten kopfüber auf dem Deckel stehend ruhen lassen. Danach die Gläser wenden und vollständig abkühlen lassen.

Pflaume mit Ingwer

Für ca. 8–9 Gläser à 200 ml (ca. 1700 ml) ◎ *Haltbar: mind. 18 Monate*

ca. 1,1 kg reife, blaue Pflaumen ◎ 1 kg Gelierzucker 1:1 ◎ Saft von 1 Zitrone ◎ 60 g frischer Ingwer

◎ Die Pflaumen waschen, entsteinen, 1 kg Früchte abwiegen und vierteln. In einem großen Topf mit dem Zucker und Zitronensaft mischen. Die Mischung 1 Stunde abgedeckt Saft ziehen lassen.

◎ Inzwischen den frischen Ingwer schälen. Das geht am leichtesten, wenn man die dünne Schale mit einem Teelöffel leicht abschabt. Den Ingwer in feine Würfel schneiden.

◎ Nach der Ziehzeit den Ingwer zur Pflaumen-Zucker-Mischung geben und untermengen. Den Topfinhalt unter gelegentlichem Rühren bei mittlerer Temperatur erwärmen, dann auf höchster Stufe unter ständigem Rühren zum Kochen bringen. Wenn das gesamte Kochgut unter Rühren kräftig sprudelt, weitere 4 Minuten sprudelnd kochen lassen und dabei immer gut rühren! Anschließend die Gelierprobe machen und die Marmelade abschäumen.

◎ Nach erfolgreicher Gelierprobe die Marmelade sofort in die vorbereiteten, sterilisierten und heiß ausgespülten Gläser füllen. Mit den ebenfalls sterilisierten Deckeln verschließen und für etwa 5 Minuten kopfüber auf dem Deckel stehend ruhen lassen. Danach die Gläser wenden und vollständig abkühlen lassen.

Pflaume mit Marzipan

Für ca. 8–9 Gläser à 200 ml (ca. 1700 ml) ◉ Haltbar: mind. 18 Monate

ca. 1,1 kg reife, blaue Pflaumen ◉ 1 kg Gelierzucker 1:1 ◉ Saft von 1 Zitrone ◉ 100 g Marzipanrohmasse

◉ Die Pflaumen waschen, entsteinen, 1 kg Früchte abwiegen und vierteln. In einem großen Topf mit dem Gelierzucker und Zitronensaft mischen. Die Mischung 1 Stunde abgedeckt Saft ziehen lassen.

◉ Inzwischen die Marzipanrohmasse in kleine Stücke schneiden und in einen Mixbecher geben.

◉ Nach der Ziehzeit den Topfinhalt unter gelegentlichem Rühren bei mittlerer Temperatur erwärmen, dann auf höchster Stufe unter ständigem Rühren zum Kochen bringen. Wenn das gesamte Kochgut unter Rühren kräftig sprudelt, weitere 4 Minuten sprudelnd kochen lassen und dabei immer gut rühren! Anschließend die Gelierprobe machen.

◉ Nach erfolgreicher Gelierprobe einen Teil der heißen Marmelade zur Marzipanrohmasse in den Mixbecher geben. Mit dem Pürierstab die Marzipanstücke und die Pflaumen zu einer homogenen Masse verarbeiten.

◉ Den Topf von der Kochstelle nehmen. Das Pflaumen-Marzipan-Gemisch aus dem Mixbecher zurück in den Topf zur restlichen Masse geben und den gesamten Topfinhalt mit dem Pürierstab oder einem Schneebesen gründlich vermischen.

◉ Erneut eine Gelierprobe machen und die Marmelade noch einmal kurz aufwallen lassen. Danach sofort in die vorbereiteten, sterilisierten und heiß ausgespülten Gläser füllen. Mit den ebenfalls sterilisierten Deckeln verschließen und für etwa 5 Minuten kopfüber auf dem Deckel stehend ruhen lassen. Danach die Gläser wenden und vollständig abkühlen lassen.

Pflaume mit Rotwein und Zimt

Für ca. 8–9 Gläser à 200 ml (ca. 1700 ml) ◎ *Haltbar: mind. 18 Monate*

ca. 800 g Pflaumen ◎ 3 g gemahlener Ceylon-Zimt ◎ 1 kg Gelierzucker 1:1 ◎ 230 ml Rotwein ◎ Saft von 1 Zitrone

◎ Die Pflaumen waschen, entsteinen, 670 g Früchte abwiegen und grob zerkleinern. Den Zimt mit dem Gelierzucker verrühren. Dann alle Zutaten in einem großen Topf mischen. Abgedeckt etwa 1 Stunde Saft ziehen lassen.

◎ Nach dieser Zeit den Topfinhalt unter gelegentlichem Rühren bei mittlerer Temperatur erwärmen, dann auf höchster Stufe unter ständigem Rühren zum Kochen bringen. Wenn das gesamte Kochgut unter Rühren kräftig sprudelt, weitere 4 Minuten sprudelnd kochen lassen und dabei immer gut rühren! Anschließend die Gelierprobe machen und die Marmelade abschäumen.

◎ Nach erfolgreicher Gelierprobe die Marmelade sofort in die vorbereiteten, sterilisierten und heiß ausgespülten Gläser füllen. Mit den ebenfalls sterilisierten Deckeln verschließen und für etwa 5 Minuten kopfüber auf dem Deckel stehend ruhen lassen. Danach die Gläser wenden und vollständig abkühlen lassen.

TIPP: In der kalten Jahreszeit ist diese Marmelade ein köstlicher Begleiter zu Milchreis oder Grießbrei.

Pflaume mit Rum

Für ca. 8–9 Gläser à 200 ml (ca. 1700 ml) ◎ *Haltbar: mind. 18 Monate*

ca. 1,1 kg reife, blaue Pflaumen ◎ 1 kg Gelierzucker 1:1 ◎ 1 EL frisch gepresster Zitronensaft ◎ 40 g Rum

◎ Die Pflaumen waschen, entsteinen, 1 kg Früchte abwiegen und vierteln. In einem großen Topf mit dem Gelierzucker und Zitronensaft mischen. Die Mischung 1 Stunde abgedeckt Saft ziehen lassen.

◎ Nach der Ziehzeit den Topfinhalt unter gelegentlichem Rühren bei mittlerer Temperatur erwärmen, dann auf höchster Stufe unter ständigem Rühren zum Kochen bringen. Wenn das gesamte Kochgut unter Rühren kräftig sprudelt, weitere 4 Minuten sprudelnd kochen lassen und dabei immer gut rühren! Anschließend die Gelierprobe machen und die Marmelade abschäumen.

◎ Nach erfolgreicher Gelierprobe den Rum schnell und gründlich unterrühren. Die heiße Masse sofort in die vorbereiteten, sterilisierten und heiß ausgespülten Gläser füllen. Mit den ebenfalls sterilisierten Deckeln verschließen und für etwa 5 Minuten auf dem Deckel stehend ruhen lassen. Dann wenden und vollständig abkühlen lassen.

INFO: Rum ist ein alkoholisches Getränk, das aus Zuckerrohrmelasse hergestellt wird. Der Alkoholgehalt muss mindestens 37,5 % betragen. Originalrum kommt vor allem aus der Karibik, Südamerika, Mittelamerika, aber auch Australien, von den Philippinen und Madagaskar. Aus der Destillation der vergorenen Zuckerrohrmelasse entsteht ein weißer Rum, der, in Holzfässern gelagert, die Farbe und den Geschmack der Fässer annimmt. Vielleicht probieren Sie die Marmelade, ganz nach Geschmack, einmal mit verschiedenen Rumsorten.

Gewürz-Pflaume

Für ca. 8–9 Gläser à 200 ml (ca. 1700 ml) ◎ *Haltbar: mind. 18 Monate*

ca. 800 g Pflaumen ◎ 2 g Nürnberger Lebkuchengewürz ◎ 1 g gemahlener Ceylon-Zimt ◎ 1 kg Gelierzucker 1:1 ◎ 230 ml Apfelsaft ◎ Saft von 1 Zitrone

◎ Die Pflaumen waschen, entsteinen, 670 g Früchte abwiegen und grob zerkleinern. Das Lebkuchengewürz und den Zimt mit dem Zucker vermengen. Dann alle Zutaten in einem großen Topf mischen. Die Mischung abgedeckt etwa 1 Stunde Saft ziehen lassen.

◎ Nach dieser Zeit den Topfinhalt unter gelegentlichem Rühren bei mittlerer Temperatur erwärmen, dann auf höchster Stufe unter ständigem Rühren zum Kochen bringen. Wenn das gesamte Kochgut unter Rühren kräftig sprudelt, weitere 4 Minuten sprudelnd kochen lassen und dabei immer gut rühren! Anschließend die Gelierprobe machen und die Marmelade abschäumen.

◎ Nach erfolgreicher Gelierprobe die Marmelade sofort in die vorbereiteten, sterilisierten und heiß ausgespülten Gläser füllen. Mit den ebenfalls sterilisierten Deckeln verschließen und für etwa 5 Minuten kopfüber auf dem Deckel stehend ruhen lassen. Danach die Gläser wenden und vollständig abkühlen lassen.

Pflaumenmus

Wird witzigerweise am besten, wenn Sie dafür Zwetschgen verwenden …

Für ca. 8–10 Gläser à 200 ml (ca. 2 kg)

3,5 kg Zwetschgen ◉ 500 g normaler Haushaltszucker ◉ 2 EL Apfelessig ◉ 2 g Pflaumenmus-Gewürz (Ceylon-Zimt, Gewürznelken, Kardamom, Sternanis und getrockneter Ingwer)

◉ Die gewaschenen Zwetschgen halbieren, entsteinen und in einen Bräter schichten. Die Gewürze zuerst mit dem Zucker mischen, dann zusammen mit dem Essig unter die Zwetschgen mischen. Abgedeckt mindestens 12 Stunden ruhen und Saft ziehen lassen. In dieser Zeit entzieht der Zucker den Zwetschgen so viel Saft, dass die Früchte darin aufschwimmen können.

◉ Den offenen Topf auf den Herd stellen und die Masse langsam und auf niedriger Temperatur erhitzen – ohne zu Rühren! So lange leise köcheln lassen, bis sich die Masse mindestens auf die Hälfte reduziert hat. Das dauert gut 5–7 Stunden.

◉ Wenn die Zwetschgenmasse zur Hälfte reduziert ist, können Sie mit dem Rühren beginnen, wenn es denn unbedingt sein muss – aber dann kontinuierlich weiterrühren! Das Pflaumenmus ist fertig, wenn ein Teelöffel von der Masse auf einen kalten Teller gegeben nur noch einen sehr kleinen Saftrand um den Klecks herum bildet.

◉ Das Pflaumenmus jetzt noch einmal richtig aufkochen und sofort in die vorbereiteten, sterilisierten und heiß ausgespülten Gläser füllen. Mit den ebenfalls sterilisierten Deckeln verschließen und für etwa 5 Minuten kopfüber auf dem Deckel stehend ruhen lassen. Danach die Gläser wenden und vollständig abkühlen lassen.

TIPPS: Der schwierige Teil beim Pflaumenmus: während des Reduzierens nicht und auf keinen Fall rühren!!! Wenn Sie auch nur einmal umrühren, müssen Sie das für die weiteren Stunden der Kochzeit tun – also erst gar nicht damit anfangen!! Da das Einkochen 5–7 Stunden dauert, ist das »Nicht rühren« beim ersten Mal eine echte Herausforderung für alle Löffelschwinger.
Die Zwetschgen verkochen in der langen Zeit sehr, aber wer es ohne Stücke mag, sollte das Pflaumenmus vor dem Abfüllen noch einmal kurz mit dem Pürierstab bearbeiten.

Zwetschge mit Zimt

Für ca. 8–9 Gläser à 200 ml (ca. 1700 ml) ◎ Haltbar: mind. 18 Monate

ca. 1,2 kg Zwetschgen ◎ 1 kg Gelierzucker 1:1 ◎ 3 g gemahlener Ceylon-Zimt ◎ Saft von 1 Zitrone

◎ Die Zwetschgen waschen, entsteinen, 1 kg Früchte abwiegen und grob zerkleinern. Den Zimt mit dem Gelierzucker mischen. Dann in einem großen Topf die Zwetschgen (1 kg), die Gelierzucker-Zimt-Mischung und den Zitronensaft mischen. Abgedeckt etwa 1 Stunde zum Saftziehen ruhen lassen.

◎ Nach dieser Zeit den Topfinhalt unter gelegentlichem Rühren bei mittlerer Temperatur erwärmen, dann auf höchster Stufe unter ständigem Rühren zum Kochen bringen. Wenn das gesamte Kochgut unter Rühren kräftig sprudelt, weitere 4 Minuten sprudelnd kochen lassen und dabei immer gut rühren! Anschließend die Gelierprobe machen und die Marmelade abschäumen.

◎ Nach erfolgreicher Gelierprobe die Marmelade sofort in die vorbereiteten, sterilisierten und heiß ausgespülten Gläser füllen. Mit den ebenfalls sterilisierten Deckeln verschließen und für etwa 5 Minuten kopfüber auf dem Deckel stehend ruhen lassen. Danach die Gläser wenden und vollständig abkühlen lassen.

TIPP: Diese Variante mit viel Zimt macht besonders in der kalten Jahreszeit viel Freude – wenn Sie eine Charge Zwetschgenmarmelade mit weniger Zimt machen wollen, reduzieren Sie auf 1 g Zimt – aber lassen Sie ihn nicht ganz weg!

INFO: Pflaumen? Zwetschgen? Ist das nicht sowieso das Gleiche? Nicht wirklich, denn Zwetschgen sind eine Unterart der Pflaume, – wie übrigens auch die meist grüne Reneklode und die gelbe Mirabelle …Pflaumen sind in der Regel eiförmig oder auch kugelig und verfügen über eine ausgeprägte Furche, die Zwetschgen sind eher kleiner, die Form ist länglich und an den Enden spitz zulaufend. Pflaumen gibt es in den Farben Blau, Lila-Schwarz, Rot und Gelb, Zwetschgen sind eher dunkler, bläulich-violett. Das Fruchtfleisch der Pflaume ist meist saftiger als das der Zwetschge.

Eierpflaume pur

Den Eierpflaumenbaum in unserem Garten hat schon mein Urgroßvater gepflanzt – und obwohl der greise Baum schon seit vielen Jahren krumm und schief steht und einseitig gestützt werden muss, trägt er immer noch die besten Früchte. Ein befreundeter Gärtner meines Vaters hat bereits vor vielen Jahren Reiser des alten Baumes auf junge Unterlagen gepfropft, die inzwischen auch schon lange Früchte tragen – nur schmecken die leider nicht halb so gut, wie die Pflaumen des alten Baumes.

Für ca. 8–9 Gläser à 200 ml (ca. 1700 ml) ◎ Haltbar: mind. 18 Monate

ca. 1,1 kg Eierpflaumen ◎ 1 kg Gelierzucker 1:1 ◎ Saft von 1 Zitrone

◎ Die Eierpflaumen waschen, halbieren und entsteinen. 1 kg Früchte abwiegen und je nach Größe noch einmal durchschneiden. Das Fruchtfleisch in einem großen Topf mit dem Gelierzucker und dem Zitronensaft mischen. Die Mischung 1–2 Stunden abgedeckt Saft ziehen lassen.

◎ Nach der Ziehzeit, wenn der Saft schon auf der Oberfläche steht, den Topfinhalt unter gelegentlichem Rühren bei mittlerer Temperatur erwärmen, dann auf höchster Stufe unter ständigem Rühren zum Kochen bringen. Wenn das gesamte Kochgut unter Rühren kräftig sprudelt, weitere 4 Minuten sprudelnd kochen lassen und dabei immer gut rühren! Anschließend die Gelierprobe machen und nach Bedarf abschäumen.

◎ Nach erfolgreicher Gelierprobe die Marmelade sofort in die vorbereiteten, sterilisierten und heiß ausgespülten Gläser füllen. Mit den ebenfalls sterilisierten Deckeln verschließen und für etwa 5 Minuten kopfüber auf dem Deckel stehend ruhen lassen. Danach die Gläser wenden und vollständig abkühlen lassen.

Renekloden pur

Für ca. 8–9 Gläser à 200 ml (ca. 1700 ml) ◎ Haltbar: mind. 18 Monate

ca. 1,1 kg reife Renekloden ◎ 1 kg Gelierzucker 1:1 ◎ 1 EL frisch gepresster Zitronensaft

◎ Die Renekloden waschen, entsteinen, 1 kg Früchte abwiegen und klein schneiden. In einem großen Topf mit dem Gelierzucker und Zitronensaft mischen. Die Mischung 1 Stunde abgedeckt Saft ziehen lassen.

◎ Nach der Ziehzeit den Topfinhalt unter gelegentlichem Rühren bei mittlerer Temperatur erwärmen, dann auf höchster Stufe unter ständigem Rühren zum Kochen bringen. Wenn das gesamte Kochgut unter Rühren kräftig sprudelt, weitere 4 Minuten sprudelnd kochen lassen und dabei immer gut rühren! Anschließend die Gelierprobe machen und nach Bedarf abschäumen.

◎ Nach erfolgreicher Gelierprobe den Rum schnell und gründlich unterrühren. Die heiße Masse sofort in die vorbereiteten, sterilisierten und heiß ausgespülten Gläser füllen. Mit den ebenfalls sterilisierten Deckeln verschließen und für etwa 5 Minuten auf dem Deckel stehend ruhen lassen. Dann wenden und vollständig abkühlen lassen.

INFO: Die Reneklode ist eine runde Edelpflaume, die von grün, über gelb bis hin zu rotgrün sein kann. Sie ähnelt einer Pflaume, ist ein wenig kleiner, fast rund und hat einen angenehmen, süßlichen Duft. Es gibt sie nur im Juli und August.

TIPP: Wichtig: Waschen Sie die Renekloden erst, wenn Sie diese auch verarbeiten wollen. Der Duftfilm, eine Art Schutzschicht, verhindert das Austrocknen der Renekloden.

Ringlo pur

Für ca. 8–9 Gläser à 200 ml (ca. 1700 ml) ◎ Haltbar: mind. 18 Monate

ca. 1,1 kg Ringlo ◎ 1 kg Gelierzucker 1:1 ◎ 1 EL frisch gepresster Zitronensaft

◎ Die Ringlo waschen, entsteinen, 1 kg Früchte abwiegen und klein schneiden. In einem großen Topf mit dem Gelierzucker und Zitronensaft mischen. Die Mischung 1 Stunde abgedeckt Saft ziehen lassen.

◎ Nach der Ziehzeit den Topfinhalt unter gelegentlichem Rühren bei mittlerer Temperatur erwärmen, dann auf höchster Stufe unter ständigem Rühren zum Kochen bringen. Wenn das gesamte Kochgut unter Rühren kräftig sprudelt, weitere 4 Minuten sprudelnd kochen lassen und dabei immer gut rühren! Anschließend die Gelierprobe machen und die Marmelade abschäumen.

◎ Nach erfolgreicher Gelierprobe die Marmelade sofort in die vorbereiteten, sterilisierten und heiß ausgespülten Gläser füllen. Mit den ebenfalls sterilisierten Deckeln verschließen und für etwa 5 Minuten kopfüber auf dem Deckel stehend ruhen lassen. Danach die Gläser wenden und vollständig abkühlen lassen.

INFO: Die Ringlo ist eine sehr frühblühende, kleine Wildform der Pflaume, ihre Früchte gibt es von gelb bis orange-lila geflammt. Je nach Baum/Strauch hat sie ein sehr saftiges, gelbes Fruchtfleisch – leider eignen sich die Früchte nicht von jedem Baum zum Verarbeiten.

Ringlo mit Ingwer

Für ca. 8–9 Gläser à 200 ml (ca. 1700 ml) ◎ Haltbar: mind. 18 Monate

ca. 1,1 kg Ringlo ◎ 1 kg Gelierzucker 1:1 ◎ 1 EL frisch gepresster Zitronensaft ◎ 60 g frischer Ingwer

◎ Die Ringlo waschen, entsteinen, 1 kg Früchte abwiegen und klein schneiden. In einem großen Topf mit dem Gelierzucker und Zitronensaft mischen. Die Mischung 1 Stunde abgedeckt Saft ziehen lassen.

◎ In der Zwischenzeit den Ingwer schälen und in sehr kleine Würfel schneiden und sofort zur Ringlo-Zucker-Mischung geben.

◎ Nach der Ziehzeit den Topfinhalt unter gelegentlichem Rühren bei mittlerer Temperatur erwärmen, dann auf höchster Stufe unter ständigem Rühren zum Kochen bringen. Wenn das gesamte Kochgut unter Rühren kräftig sprudelt, weitere 4 Minuten sprudelnd kochen lassen und dabei immer gut rühren! Anschließend die Gelierprobe machen und die Marmelade abschäumen.

◎ Nach erfolgreicher Gelierprobe die Marmelade sofort in die vorbereiteten, sterilisierten und heiß ausgespülten Gläser füllen. Mit den ebenfalls sterilisierten Deckeln verschließen und für etwa 5 Minuten kopfüber auf dem Deckel stehend ruhen lassen. Danach die Gläser wenden und vollständig abkühlen lassen.

Blüten, Kräuter und Wild-früchte

Blütenzauber

Für ca. 7 Gläser à 200 ml (ca. 1400 ml) ◎ Haltbar: mind. 18 Monate

450 ml Rosenblütenaufguss (siehe Seite 130) ◎ 250 ml Holunderblütenaufguss (siehe Seite 183) ◎ 1 kg Gelierzucker 1:1 ◎ Saft von 1 Zitrone ◎ rote Rosenblüten-Blätter, Veilchenblüten, Lavendelblüten, Holunderblüten zum Garnieren

◎ Den Rosenblüten- und den Holunderblütenaufguss, Gelierzucker und Zitronensaft in einem großen Topf mischen. Die Mischung unter gelegentlichem Rühren bei mittlerer Temperatur erwärmen, dann auf höchster Stufe unter ständigem Rühren zum Kochen bringen. Wenn das gesamte Kochgut unter Rühren kräftig sprudelt, weitere 4 Minuten sprudelnd kochen lassen und dabei immer rühren! Anschließend die Gelierprobe machen und nach Bedarf abschäumen.

◎ Während das Gelee kocht, die Rosenblütenblätter vorsichtig klein schneiden – je nach Größe vierteln oder achteln – und mit den anderen Blüten auf die vorbereiteten Gläser verteilen (je Glas etwa vier Blütenteile je Sorte).

◎ Nach erfolgreicher Gelierprobe das Gelee sofort in die vorbereiteten, sterilisierten und heiß ausgespülten Gläser füllen. Mit den ebenfalls sterilisierten Deckeln verschließen und für etwa 5 Minuten kopfüber auf dem Deckel stehend ruhen lassen. Dann wenden und immer wieder mal wenden, bis die Blüten im Gelee »schweben«. Erst dann auf dem Glasboden stehend vollständig abkühlen lassen.

TIPP: Die Blüten in diesem Gelee verlieren leider schon nach kurzer Zeit die Farbe. Wenn Sie das Gelee verschenken möchten, sollten Sie dies zeitnah tun.

Holunderblütengelee

Für ca. 7 Gläser à 200 ml (ca. 1400 ml) ◎ *Haltbar: mind. 18 Monate*
700 ml Holunderblütenaufguss (siehe Seite 183) ◎ 1 kg Gelierzucker 1:1 ◎
Saft von 1 Zitrone ◎ Holunderblüten zur Dekoration

◎ Holunderblütenaufguss, Gelierzucker und Zitronensaft in einem großen Topf mischen. Die Mischung unter gelegentlichem Rühren bei mittlerer Temperatur erwärmen, dann auf höchster Stufe unter ständigem Rühren zum Kochen bringen. Wenn das gesamte Kochgut unter Rühren kräftig sprudelt, weitere 3 Minuten sprudelnd kochen lassen und dabei immer rühren! Anschließend die Gelierprobe machen und nach Bedarf abschäumen.
◎ In der Zwischenzeit Holunderblüten in die vorbereiteten, sterilisierten und heiß ausgespülten Gläser stellen.
◎ Nach erfolgreicher Gelierprobe das Gelee sofort in die vorbereiteten Gläser füllen. Mit sterilisierten Deckeln verschließen und für etwa 5 Minuten kopfüber auf dem Deckel stehend ruhen lassen. Dann die Gläser wenden und vollständig abkühlen lassen.

TIPP: Das Gelee ist ruckzuck gekocht, der aufwendige Teil kommt erst jetzt: Da die Holunderblüten im heißen Gelee aufschwimmen, statt sich »schwebend« in der Masse zu verteilen, wie es am schönsten aussieht, müssen Sie die Gläser so lange immer wieder mal drehen, bis das Gelee so weit abgekühlt ist, dass die Blüten nicht mehr nur an der Oberfläche schwimmen.

Erdbeere mit Holunderblüte

Für ca. 8–9 Gläser à 200 ml (ca. 1700 ml) ◎ *Haltbar: mind. 6 Monate*
650 g Erdbeeren ◎ 1 kg Gelierzucker 1:1 ◎ Saft von 1 Zitrone ◎
230 ml Holunderblütenaufguss (siehe Seite 183)

◎ Die Erdbeeren kurz (!) in viel kaltem Wasser waschen, putzen und in ein Abtropfsieb geben. Die Hälfte der Früchte je nach Größe vierteln oder achteln. Die übrigen Beeren mit einem Pürierstab zerkleinern. Alles zusammen in einem großen Topf mit dem Gelierzucker und dem Zitronensaft mischen. Die Mischung mindestens 1 Stunde abgedeckt Saft ziehen lassen.
◎ Nach der Ziehzeit den Holunderblütenaufguss zugießen und den Topfinhalt unter gelegentlichem Rühren bei mittlerer Temperatur erwärmen, dann auf höchster Stufe unter ständigem Rühren zum Kochen bringen. Wenn das gesamte Kochgut unter Rühren kräftig sprudelt, weitere 4 Minuten sprudelnd kochen lassen und dabei immer gut rühren! Anschließend die Gelierprobe machen und nach Bedarf abschäumen.
◎ Nach erfolgreicher Gelierprobe die Marmelade sofort in die vorbereiteten, sterilisierten und heiß ausgespülten Gläser füllen. Mit den ebenfalls sterilisierten Deckeln verschließen und für etwa 5 Minuten kopfüber auf dem Deckel stehend ruhen lassen. Danach die Gläser wenden und vollständig abkühlen lassen.

Kornelkirsche pur

Für ca. 8–9 Gläser à 200 ml (ca. 1700 ml) ◎ Haltbar: mind. 18 Monate

Für das Kornelkirschmus: ca. 1,5 kg Kornelkirschen

Für die Marmelade: 1 kg Kornelkirschmus ◎ etwas Apfelsaft zum Auffüllen nach Bedarf ◎ 1 kg normaler Haushaltszucker ◎ Saft von 1 Zitrone

◎ Für das Kornelkirschmus die frisch gepflückten Früchte noch einmal trocken verlesen, dann waschen.

◎ In einen Topf mit wenig Wasser geben, gerade so viel, dass der Topfboden gut 1 cm hoch bedeckt ist, und abgedeckt langsam erhitzen. Unter gelegentlichem Rühren 10–15 Minuten köcheln lassen.

◎ Die gegarten, noch heißen Kornelkirschen samt dem entstandenen Saft durch die grobe Scheibe der Flotten Lotte in einen zweiten Topf passieren – nehmen Sie dabei nicht zu viel Masse auf einmal in die Flotte Lotte, weil die enthaltenen Kerne das Unterfangen natürlich nicht gerade einfach machen.

◎ 1 kg vom entstandenen Mus für die Marmelade abwiegen (falls etwas Gewicht fehlt, können Sie gut mit Apfelsaft auffüllen, das macht die fertige Marmelade dann etwas milder).

◎ Für die Marmelade alle Zutaten in einem großen Topf mischen und den Zucker 1 Stunde abgedeckt einwirken lassen.

◎ Nach der Einwirkzeit den Topfinhalt unter gelegentlichem Rühren bei mittlerer Temperatur erwärmen, dann auf höchster Stufe unter ständigem Rühren zum Kochen bringen. Wenn das gesamte Kochgut unter Rühren kräftig sprudelt, weitere 3 Minuten sprudelnd kochen lassen und dabei immer gut rühren! Anschließend die Gelierprobe machen und nach Bedarf abschäumen.

◎ Nach erfolgreicher Gelierprobe die Marmelade noch einmal aufwallen lassen, dann sofort in die vorbereiteten, sterilisierten und heiß ausgespülten Gläser füllen. Mit den ebenfalls sterilisierten Deckeln verschließen und für etwa 5 Minuten kopfüber auf dem Deckel stehend ruhen lassen. Danach die Gläser wenden und vollständig abkühlen lassen.

INFO: Den Strauch der Kornelkirsche – eine weitere Sorte im Reigen unserer Wildfrüchte – können Sie ganz leicht im sehr zeitigen Frühjahr daran erkennen, dass er mit seinen kleinen, gelben Blüten lange vor jeder Forsythie weithin sichtbar erstrahlt. Der Name Kornelkirsche irritiert oft, denn mit der Süß- oder Sauerkirsche hat diese Frucht so gar nichts zu tun. Sie gehört tatsächlich zu den Hartriegeln, aber die rote Farbe der Frucht und ihr relativ großer Kern haben wohl bei der Namensgebung eine Rolle gespielt. Ein süßlich-herber Geschmack ist typisch für die Kornelkirsche und wie so oft bei Wildfrüchten, nicht jedermanns Sache.

»Dirndl«-Gelee

Die Kornelkirsche hat viele Namen und ist unter anderem auch als Dürlitze, Gelber Hartriegel oder in Österreich als Dirndl bekannt.

Für 7–8 Gläser à 200 ml (ca. 1500 ml) ◎ Haltbar: mind. 18 Monate

800 ml Kornelkirschsaft (siehe Seite 186) ◎ 1 kg Gelierzucker 1:1 ◎ Saft von 1 Zitrone

◎ Kornelkirschsaft, Gelierzucker und Zitronensaft in einem großen Topf mischen. Die Mischung unter gelegentlichem Rühren bei mittlerer Temperatur erwärmen, dann auf höchster Stufe unter ständigem Rühren zum Kochen bringen. Wenn das gesamte Kochgut unter Rühren kräftig sprudelt, weitere 3 Minuten sprudelnd kochen lassen und dabei immer rühren! Anschließend die Gelierprobe machen und abschäumen.

◎ Nach erfolgreicher Gelierprobe das Gelee sofort in die vorbereiteten, sterilisierten und heiß ausgespülten Gläser füllen. Mit den ebenfalls sterilisierten Deckeln verschließen und für etwa 5 Minuten kopfüber auf dem Deckel stehend ruhen lassen. Dann die Gläser wenden und vollständig abkühlen lassen.

Hagebutte pur

Für ca. 7–8 Gläser à 200 ml (ca. 1600 ml) ◉ Haltbar: mind. 18 Monate

Für das Hagebuttenmark: ca. 1,7 kg reife Hagebutten

Für die Marmelade: 1 kg Hagebuttenmark ◉ 800 g normaler Haushaltszucker ◉ (kein Zitronensaft)

◉ Für das Hagebuttenmark die Stiel- und Blütenansätze von den Hagebutten schneiden, die Früchte halbieren und die darin enthaltenen Kernchen und Härchen herauskratzen – das geht am besten mit dem Stiel eines Teelöffels. (Die Kernchen können getrocknet und zu Hagebuttentee weiterverarbeitet werden.)

◉ Die ausgekratzten Hagebuttenhälften waschen, damit auch noch die letzten anhaftenden Härchen entfernt werden, und in einen Topf geben. Gerade eben mit Wasser bedecken und gar kochen, was unglaubliche 45–50 Minuten dauern kann. Die weich gekochten Hagebutten im Kochwasser kurz pürieren und dann durch das feine Sieb der Flotten Lotte in einen zweiten Topf passieren.

◉ Für die Marmelade Hagebuttenmark und Zucker in einem großen Topf mischen und den Zucker mindestens 1 Stunde abgedeckt einwirken lassen.

◉ Nach der Einwirkzeit den Topfinhalt unter gelegentlichem Rühren bei mittlerer Temperatur erwärmen, dann auf höchster Stufe unter ständigem Rühren zum Kochen bringen. Wenn das gesamte Kochgut unter Rühren kräftig sprudelt, weitere 2 Minuten sprudelnd kochen lassen und dabei immer gut rühren! Achtung: Die Masse spritzt beim Kochen und brennt sehr leicht an!

◉ Anschließend die Gelierprobe machen. Nach erfolgreicher Gelierprobe die Marmelade noch einmal aufwallen lassen, dann sofort in die vorbereiteten, sterilisierten und heiß ausgespülten Gläser füllen. Mit den ebenfalls sterilisierten Deckeln verschließen und für etwa 5 Minuten kopfüber auf dem Deckel stehend ruhen lassen. Danach die Gläser wenden und vollständig abkühlen lassen.

INFO: Hagebutten gelten als Wildfrüchte, auch wenn sie im Herbst und Winter die Sträucher von Gartenrosen zieren. Für die Hagebuttenmarmelade sammeln Sie am besten die großen Früchte der Kartoffelrosen, da diese ergiebiger sind als die der Hundsrosen – die aber natürlich trotzdem verarbeitet werden können.

Zitat: »Wer auch immer auf die Idee kam, Hagebutten zu Marmelade zu verarbeiten, hatte Hunger und kann keine Alternativen gehabt haben.«

(Ursprung dem Autor bekannt – und spätestens, wenn Sie mit dem Entkernen beschäftigt sind, wissen Sie, was ich damit meine.)

Variante

◉ Sie können zum Herstellen des Hagebuttenmarks statt des Wassers auch Apfelsaft oder je hälftig Wasser und Orangensaft zum Kochen verwenden. Die Verwendung von Gewürzen wie Zimt, Nelken oder Kardamom finden sich immer wieder in Rezepten. Ich empfehle aber die Hagebutte pur zu genießen.

Löwenzahngelee

Für ca. 7 Gläser à 200 ml (ca. 1400 ml) ◎ Haltbar: mind. 18 Monate

Für den Löwenzahnblütenaufguss: 2 l Löwenzahnblüten (siehe Infos)

Für das Löwenzahngelee: 700 ml Löwenzahnblütenaufguss ◎ 1 kg Gelierzucker 1:1 ◎ Saft von 1 Zitrone

◎ Für den Aufguss die gesammelten Löwenzahnblüten in einen Topf geben (wichtig: die Blüten vor dem Verarbeiten nicht waschen), mit 1 l kochendem Wasser übergießen und 8 Minuten abgedeckt ziehen lassen. Die Flüssigkeit durch ein feines Sieb in einen anderen Topf abgießen, dabei zusätzlich die Blütenmasse mit einem Schöpflöffel auspressen, um möglichst die gesamte Flüssigkeitsmenge zu erhalten.

◎ Für das Gelee 700 ml Löwenzahnblütenaufguss, Gelierzucker und Zitronensaft in einem großen Topf mischen. Die Mischung unter gelegentlichem Rühren bei mittlerer Temperatur erwärmen, dann auf höchster Stufe unter ständigem Rühren zum Kochen bringen. Wenn das gesamte Kochgut unter Rühren kräftig sprudelt, weitere 3 Minuten sprudelnd kochen lassen und dabei immer rühren! Anschließend die Gelierprobe machen und nach Bedarf abschäumen.

◎ Nach erfolgreicher Gelierprobe das Gelee sofort in die vorbereiteten, sterilisierten und heiß ausgespülten Gläser füllen. Mit den ebenfalls sterilisierten Deckeln verschließen und für etwa 5 Minuten kopfüber auf dem Deckel stehend ruhen lassen. Dann die Gläser wenden und vollständig abkühlen lassen.

INFOS: Für den Löwenzahnblüten-Aufguss um die Mittagszeit, wenn die Löwenzahnblüten ganz geöffnet sind, die Blütenköpfe von den Stängeln pflücken und am besten direkt in einen 2 l fassenden Messbecher sammeln. Für 700 ml Aufguss sammle ich so viele Blüten, bis sie im Messbecher locker liegend die 2-l-Marke erreichen.

Der entstandene Löwenzahnsud ist grünlich-braun und schmeckt ziemlich herb-bitter, weil neben Blütenstaub und Pollen auch die in den Blüten enthaltenen Bitterstoffe ausgelaugt wurden. Durch den Zitronensaft und den Zucker wird das fertige Gelee aber wieder gelb und nur noch leicht herb schmecken.

Löwenzahngelee mit Campari

Der Campari verleiht dem Gelee eine besonders schöne Farbe und unterstreicht die herbe Note des Löwenzahns zusätzlich.

Für ca. 7 Gläser à 200 ml (ca. 1400 ml) ◎ Haltbar: mind. 18 Monate

600 ml Löwenzahnblütenaufguss (siehe Seite 124) ◎ 100 ml frisch gepresster Orangensaft ◎ 1 kg Gelierzucker 1:1 ◎ Saft von 1 Zitrone ◎ 30 g Campari

◎ Löwenzahnblütenaufguss, Orangensaft, Gelierzucker und Zitronensaft in einem großen Topf mischen. Die Mischung unter gelegentlichem Rühren bei mittlerer Temperatur erwärmen, dann auf höchster Stufe unter ständigem Rühren zum Kochen bringen. Wenn das gesamte Kochgut unter Rühren kräftig sprudelt, weitere 3 Minuten sprudelnd kochen lassen und dabei immer rühren! Anschließend die Gelierprobe machen und nach Bedarf abschäumen.

◎ Nach erfolgreicher Gelierprobe den Campari unterrühren und das Gelee sofort in die vorbereiteten, sterilisierten und heiß ausgespülten Gläser füllen. Mit den ebenfalls sterilisierten Deckeln verschließen und für etwa 5 Minuten kopfüber auf dem Deckel stehend ruhen lassen. Dann die Gläser wenden und vollständig abkühlen lassen.

Pfefferminzgelee

Für ca. 7 Gläser à 200 ml (ca. 1400 ml) ◎ *Haltbar: mind. 18 Monate*

Für den Pfefferminzaufguss: 1 große Handvoll Pfefferminzblätter und -stängel

Für das Gelee: 700 ml intensiver Pfefferminzaufguss ◎ 1 kg Gelierzucker 1:1 ◎ Saft von 1 Zitrone ◎ 7 zarte Pfefferminzblättchen zur Dekoration

◎ Für den Aufguss die Pfefferminze mit 1 l kochendem Wasser übergießen. Den Aufguss abgedeckt 10 Minuten ziehen lassen, dann durch ein feines Sieb in einen Topf abgießen und abgedeckt abkühlen lassen.

◎ 700 ml dieses Suds mit dem Gelierzucker und dem Zitronensaft in einem großen Topf mischen. Die Mischung aufkochen und 3 Minuten sprudelnd kochen lassen. Anschließend die Gelierprobe machen.

◎ In der Zwischenzeit die zarten Pfefferminz-Blättchen in feine Streifen schneiden und auf die vorbereiteten, sterilisierten und heiß ausgespülten Gläser verteilen.

◎ Nach erfolgreicher Gelierprobe das Gelee sofort in die Gläser füllen. Mit den ebenfalls sterilisierten Deckeln verschließen und für etwa 5 Minuten kopfüber auf dem Deckel stehend ruhen lassen. Dann die Gläser wenden und vollständig abkühlen lassen.

TIPPS: Während des Abkühlens die Gläser so lange immer wieder umdrehen, bis die Pfefferminzstreifen schließlich im Gelee schweben.
Passt traditionell zu Lammgerichten, ist aber auch eine köstliche Füllung für Sommergebäck.
Und was mit Pfefferminze geht, geht natürlich auch mit Zitronenmelisse oder Verveine!

Waldmeistergelee

Für ca. 7 Gläser à 200 ml (ca. 1400 ml) ◎ *Haltbar: mind. 18 Monate*
Für den Waldmeisteraufguss: frisch gesammelter Waldmeister (siehe Tipp)
Für das Gelee: 700 ml Waldmeisteraufguss ◎ 1 kg Gelierzucker 1:1 ◎
Saft von 1 Zitrone

◎ Für den Waldmeisteraufguss die gesammelten Stängel auf der Arbeitsplatte ausbreiten und trocken verlesen (Sie werden erstaunt sein, was Sie versehentlich alles mitgepflückt haben). Dann den Waldmeister kurz in kaltem Wasser waschen, trockenschütteln und locker auf einem sauberen Geschirrtuch ausbreiten. Den Waldmeister so über mehrere Stunden oder noch besser bis zum nächsten Tag liegen lassen, denn in leicht gewelktem Zustand hat er das intensivste Aroma. Jetzt riecht vermutlich nicht nur Ihre Küche, sondern das ganze Haus nach Waldmeister und wie frisch gemähte Wiese.

◎ Den Waldmeister in einen Topf geben, mit 800 ml kochendem Wasser übergießen und 15 Minuten abgedeckt ziehen lassen. Die Flüssigkeit durch ein feines Sieb in einen anderen Topf abgießen, dabei zusätzlich die Blättermasse noch mit einem Schöpflöffel auspressen, um möglichst die gesamte Flüssigkeitsmenge zu erhalten. Der so entstandene Sud ist beigebraun und schmeckt recht kräuterig-herb. Durch den Zitronensaft und den Zucker wird das fertige Gelee zwar wieder etwas heller – aber niemals grün.

◎ Für das Gelee 700 ml Waldmeisteraufguss, Gelierzucker und Zitronensaft in einem großen Topf mischen. Die Mischung unter gelegentlichem Rühren bei mittlerer Temperatur erwärmen, dann auf höchster Stufe unter ständigem Rühren zum Kochen bringen. Wenn das gesamte Kochgut unter Rühren kräftig sprudelt, weitere 3 Minuten sprudelnd kochen lassen und dabei immer rühren! Anschließend die Gelierprobe machen und nach Bedarf abschäumen.

◎ Nach erfolgreicher Gelierprobe das Gelee sofort in die vorbereiteten, sterilisierten und heiß ausgespülten Gläser füllen. Mit den ebenfalls sterilisierten Deckeln verschließen und für etwa 5 Minuten kopfüber auf dem Deckel stehend ruhen lassen. Dann die Gläser wenden und vollständig abkühlen lassen.

TIPP: Für den Waldmeisteraufguss den Waldmeister sammeln, bevor er blüht. Für 700 ml Aufguss sammle ich so viele Stängel, wie ich gedrückt zwischen Daumen und Mittelfingern greifen kann. (Das hört sich jetzt an wie in alten Backrezepten, in denen steht: »… und Mehl so viel es nimmt …«) Also lieber etwas mehr als etwas weniger.

Rosenblüten in Spätburgunder Weißherbst

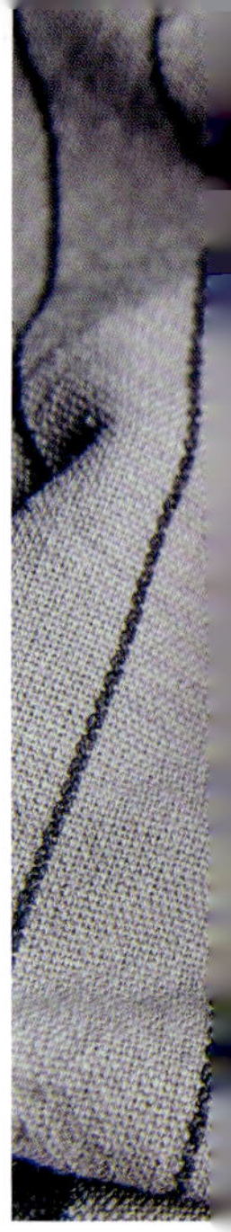

Rosenblüten sind der Grund, warum ich ursprünglich angefangen habe, Marmeladen selbst zu kochen. Genau genommen waren es die Blüten unserer Englischen »Abraham Darby«-Rosen von David Austin, die mich mit ihrem herrlichen Duft inspirierten, daraus Gelee herzustellen. Inzwischen haben die Abraham Darbys Gesellschaft bekommen, und seit vielen Jahren gedeihen neben »Rose de Resht« und »Mme Boll« noch etliche andere Duftrosen in unserem verwunschenen Rosengarten.

Für ca. 7–8 Gläser à 200 ml (ca. 1500 ml) ◎ Haltbar: mind. 18 Monate

700 ml Spätburgunder Weißherbst ◎ 10–15 Duftrosenblüten ◎ Saft von ½ Zitrone ◎ 1 kg Gelierzucker 1:1

◎ Den Weißherbst in einem großen Topf aufkochen. Sobald der Siedepunkt erreicht ist, die Blütenblätter hineingeben. Einmal kurz aufwallen lassen, dann von der Kochstelle nehmen und Topfinhalt abgedeckt erkalten lassen. Die Rosenblüten geben dabei ihr Aroma und ihre Farbe an den Weißherbst ab und bekommen eine fast ledrige Konsistenz.

◎ Die Blütenblätter aus dem erkalteten Wein nehmen und in sehr kleine Stücke schneiden. Zusammen mit dem Zitronensaft und dem Gelierzucker zum Wein in den Topf geben. Den Topfinhalt unter gelegentlichem Rühren bei mittlerer Temperatur erwärmen, dann auf höchster Stufe unter ständigem Rühren zum Kochen bringen. Wenn das gesamte Kochgut unter Rühren kräftig sprudelt, weitere 4 Minuten sprudelnd kochen lassen und dabei immer gut rühren! Anschließend die Gelierprobe machen und das Gelee abschäumen.

◎ Nach erfolgreicher Gelierprobe das Gelee sofort in die vorbereiteten, sterilisierten und heiß ausgespülten Gläser füllen. Mit den ebenfalls sterilisierten Deckeln verschließen und für etwa 5 Minuten kopfüber auf dem Deckel stehend ruhen lassen. Danach die Gläser wenden und vollständig abkühlen lassen.

TIPPS: Grundsätzlich die voll aufgeblühten Rosenblüten am zeitigen Vormittag ernten, bevor sie ihren Duft an die Umgebung abgeben, und die Blütenblätter dann gleich von den Blütenböden zupfen, dabei darauf achten, dass keine Blütenbewohner (kleine Insekten oder Spinnen) in der Schüssel mit den Blütenblättern landen.

Sie können den Weißherbst natürlich auch durch Wasser ersetzen, sollten dann aber darauf achten, dass Sie auch Rosenblüten mit einem intensiven Rotton, wie zum Beispiel die Rose »Rotes Phänomen« oder »Munstead Wood« verarbeiten, damit das fertige Rosengelee eine schöne »rosenrote« Farbe hat.

Köstlich auf Croissant, genial als Füllung von feinem Gebäck.

Rosenblüten in Weinbergpfirsich und Champagner

Sie haben es inzwischen bestimmt bemerkt: Ich koche gerne mit Champagner – und immer kommt auch etwas davon in die Marmelade.

Für ca. 8–9 Gläser à 200 ml (ca. 1700 ml) ◎ *Haltbar: mind. 18 Monate*
ca. 850 g Weinbergpfirsiche ◎ 1 kg Gelierzucker 1:1 ◎ Saft von 1 Zitrone ◎ 5 große Duftrosenblüten ◎ 200 ml Champagner

◎ Die Pfirsiche schälen (siehe Seite 100 »Weinbergpfirsich pur«), entsteinen, 700 g Früchte abwiegen und in Stücke schneiden. Die Früchte in einem großen Topf mit dem Gelierzucker und dem Zitronensaft mischen. Die Mischung mindestens 1 Stunde abgedeckt Saft ziehen lassen.
◎ Inzwischen die Blütenblätter von den Rosenblüten zupfen und verlesen. Eine kleine Menge vom Pfirsichsaft, der sich bei der Pfirsich-Zucker-Mischung gebildet hat, in einen zweiten Topf geben, zum Kochen bringen und die Rosenblütenblätter darin abgedeckt 2 Minuten lang garen. Anschließend abkühlen lassen.
◎ Die erkalteten Blütenblätter aus dem Sud herausnehmen, sehr klein schneiden und zusammen mit dem Sud zu den Pfirsichen geben.
◎ Nach der Ziehzeit den Topfinhalt unter gelegentlichem Rühren bei mittlerer Temperatur erwärmen, dann auf höchster Stufe unter ständigem Rühren zum Kochen bringen. Wenn das gesamte Kochgut unter Rühren kräftig sprudelt, weitere 4 Minuten sprudelnd kochen lassen und dabei immer gut rühren (Achtung: Die Masse spritzt und brennt sehr schnell an!). Anschließend die Gelierprobe machen.
◎ Nach erfolgreicher Gelierprobe den Champagner unterrühren und die Marmelade noch einmal kurz aufwallen lassen. Dann sofort in die vorbereiteten, sterilisierten Gläser füllen. Mit den ebenfalls sterilisierten Deckeln verschließen und für etwa 5 Minuten kopfüber auf dem Deckel stehend ruhen lassen. Danach die Gläser wenden und vollständig abkühlen lassen.

Rosenblüten mit Erdbeere und Champagner

Wenn Sie diese Marmelade auf frischen Croissants oder auf lauwarmen Brioches nicht umhaut, hilft vermutlich gar nichts mehr.

Für ca. 8–9 Gläser à 200 ml (ca. 1700 ml) ◎ Haltbar: mind. 6 Monate
700 g Erdbeeren ◎ 1 kg Gelierzucker 1:1 ◎ Saft von ½ Zitrone ◎
5 große Duftrosenblüten ◎ 200 ml Champagner

◎ Die Erdbeeren waschen, putzen und grob zerkleinern. Anschließend in einem großen Topf mit dem Gelierzucker und dem Zitronensaft mischen. Die Mischung mindestens 1 Stunde abgedeckt Saft ziehen lassen.

◎ In der Zwischenzeit 200 ml Wasser in einem mittleren Topf zum Kochen bringen. Sobald der Siedepunkt erreicht ist, die Blütenblätter hineingeben. Einmal kurz aufwallen lassen, dann von der Kochstelle nehmen und den Topfinhalt abgedeckt erkalten lassen.

◎ Die erkalteten Blütenblätter aus dem Wasser nehmen, in sehr kleine Stücke schneiden und zur Erdbeer-Zucker-Masse geben. (Der Rosenblütensud wird bei diesem Rezept nicht benötigt. Mit normalem Zucker im Verhältnis 1:1 eingekocht, wird daraus ein feiner Rosensirup.)

◎ Den Topfinhalt unter gelegentlichem Rühren bei mittlerer Temperatur erwärmen, dann auf höchster Stufe unter ständigem Rühren zum Kochen bringen. Wenn das gesamte Kochgut unter Rühren kräftig sprudelt, weitere 4 Minuten sprudelnd kochen lassen und dabei immer gut rühren! Jetzt erst wird der Champagner zu der heißen Masse gegeben. Anschließend die Gelierprobe machen und nach Bedarf abschäumen.

◎ Nach erfolgreicher Gelierprobe die Marmelade sofort in die vorbereiteten, sterilisierten und heiß ausgespülten Gläser füllen. Mit den ebenfalls sterilisierten Deckeln verschließen und für etwa 5 Minuten kopfüber auf dem Deckel stehend ruhen lassen. Danach die Gläser wenden und vollständig abkühlen lassen.

Rosenblütenaufguss

Sie sollten mindesten 25–30 Duftrosenblüten für 1 Liter Aufguss rechnen! Für einen Rosenblütenaufguss die Blütenblätter von den frisch geernteten Stängeln pflücken, wie immer darauf achten, dass sich keine Rosenliebhaber aus dem Garten darin verstecken …

◎ Wasser zum Kochen bringen, die Blütenblätter darauf schütten und in die kochende Flüssigkeit drücken, dabei fallen die Blätter in sich zusammen. Die Flüssigkeit einmal richtig aufwallen lassen und dann zugedeckt erkalten lassen. Die Rosenblüten geben dabei ihr Aroma und ihre Farbe an die Kochflüssigkeit ab und bekommen eine fast ledrige Konsistenz.

◎ Den Aufguss durch ein Sieb in eine Schüssel abgießen, die inzwischen fast farblosen Rosenblütenblätter dabei auch ordentlich ausdrücken.

◎ Sie können den Aufguss jetzt mit den Rosenblüten zu einem Rosengelee – oder die Rosenblüten auch für sich selbst mit anderen Früchten – weiterverarbeiten.

Rosenblüten in Erdbeere

Für ca. 7 Gläser à 200 ml (ca. 1400 ml) ◎ Haltbar: mind. 6 Monate

700 g Erdbeeren ◎ 5 Duftrosenblüten ◎ Saft von ½ Zitrone ◎ 1 kg Gelierzucker 1:1

◎ Die Erdbeeren waschen, putzen und grob zerkleinern. Anschließend in einem großen Topf mit dem Gelierzucker und dem Zitronensaft mischen. Die Mischung mindestens 1 Stunde abgedeckt Saft ziehen lassen.

◎ In der Zwischenzeit 200 ml Wasser in einem mittleren Topf zum Kochen bringen. Sobald der Siedepunkt erreicht ist, die Blütenblätter hineingeben. Einmal kurz aufwallen lassen, dann von der Kochstelle nehmen und den Topfinhalt abgedeckt erkalten lassen. Die Rosenblüten geben dabei ihr Aroma und ihre Farbe an die Kochflüssigkeit ab und bekommen eine fast ledrige Konsistenz.

◎ Die erkalteten Blütenblätter aus dem Wasser nehmen, in sehr kleine Stücke schneiden und zusammen mit dem Rosenblätterkochsud zur Erdbeer-Zucker-Masse geben.

◎ Den Topfinhalt unter gelegentlichem Rühren bei mittlerer Temperatur erwärmen, dann auf höchster Stufe unter ständigem Rühren zum Kochen bringen. Wenn das gesamte Kochgut unter Rühren kräftig sprudelt, weitere 4 Minuten sprudelnd kochen lassen und dabei immer gut rühren! Jetzt erst wird der Champagner zu der heißen Masse gegeben. Anschließend die Gelierprobe machen.

◎ Nach erfolgreicher Gelierprobe die Marmelade sofort in die vorbereiteten, sterilisierten und heiß ausgespülten Gläser füllen. Mit den ebenfalls sterilisierten Deckeln verschließen und für etwa 5 Minuten kopfüber auf dem Deckel stehend ruhen lassen. Danach die Gläser wenden und vollständig abkühlen lassen.

Sanddorn pur

Sanddorn kennen viele Menschen – wenn überhaupt – nur von einem Aufenthalt in den Küstengegenden der Nord- und Ostsee, dabei ist die Zitrone des Nordens, wie sie auch genannt wird, tatsächlich auch in anderen Gebieten unserer Heimat zu Hause. Ihr sehr typisches Aroma, säuerlich und fruchtig-herb, ist mit nichts zu vergleichen und tatsächlich nicht jedermanns Geschmack. Doch da gilt wie bei allem: Probieren geht über Studieren!

Für ca. 8–9 Gläser à 200 ml (ca. 1700 ml) ◎ *Haltbar: mind. 18 Monate*
Für das Sanddornmark: ca. 1,5 kg Sanddornbeeren
Für die Marmelade: 1 kg kaltes Sanddornmark ◎
1 kg normaler Haushaltszucker ◎ Saft von 1 Zitrone

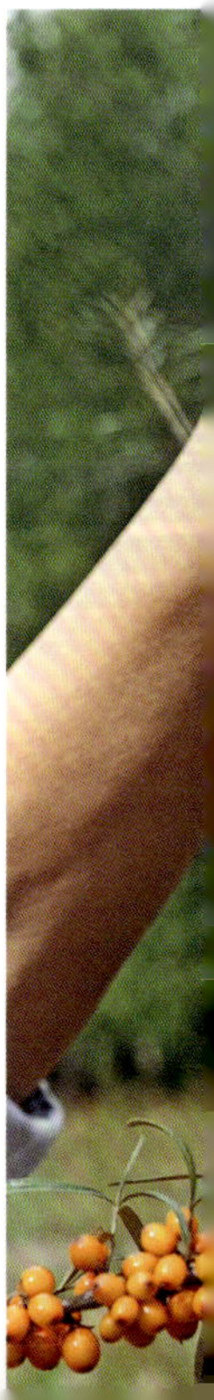

- Für das Sanddornmark die Sanddornbeeren waschen und verlesen. In einen Topf mit wenig Wasser geben, gerade so viel, dass der Topfboden 0,5 cm bedeckt ist, und abgedeckt langsam erhitzen. Gelegentlich umrühren und 5–10 Minuten im eigenen Saft weich kochen. Die gegarten, noch heißen Sanddornbeeren anschließend samt dem entstandenen Saft durch ein feines Sieb in einen zweiten Topf passieren.
- Für die Marmelade Sanddornmark, Zucker und Zitronensaft in einem großen Topf mischen und den Zucker mindestens 1 Stunde abgedeckt einwirken lassen.
- Nach der Einwirkzeit die Mischung unter gelegentlichem Rühren bei mittlerer Temperatur erwärmen, dann auf höchster Stufe unter ständigem Rühren zum Kochen bringen. Wenn das gesamte Kochgut unter Rühren kräftig sprudelt, weitere 3 Minuten sprudelnd kochen lassen und dabei immer rühren! Anschließend die Gelierprobe machen und nach Bedarf abschäumen.
- Nach erfolgreicher Gelierprobe die Marmelade sofort in die vorbereiteten, sterilisierten und heiß ausgespülten Gläser füllen. Mit den ebenfalls sterilisierten Deckeln verschließen und für etwa 5 Minuten kopfüber auf dem Deckel stehend ruhen lassen. Dann die Gläser wenden und vollständig abkühlen lassen.

TIPPS: Reste des Sanddornmuses machen sich wunderbar im Joghurt, schmecken toll im Müsli oder auch im Salatdressing.
Die Kernchen und Schalenteile, die beim Passieren der Sanddornbeeren im Sieb zurückbleiben, können Sie mit einem Weißweinessig aufgießen und abgedeckt einige Tage stehen lassen. Abgefiltert ist so ein feinherber Sanddornessig entstanden, der sich besonders in einem Dressing für Wildkräutersalate verwenden lässt.

INFO: Ach ja, fast hätte ich es vergessen zu erwähnen: Die Dornen sitzen beim Sanddorn auch zwischen den Beeren, was das aufwendige Pflücken spätestens nach dem ersten Stich zur besonderen Herausforderung macht, wenn die Fruchtsäure im austretenden Sanddornsaft in der Wunde brennt. Seien Sie daher unbedingt vorsichtig.

Sanddorn mit Aprikose

Eine Variante für diejenigen, denen der pure Sanddorn zu »gesund« schmeckt.

Für ca. 8–9 Gläser à 200 ml (ca. 1700 ml) ◎ Haltbar: mind. 18 Monate
ca. 550 g Aprikosen ◎ 550 g Sanddornmark (siehe Seite 132) ◎
1 kg Gelierzucker 1:1 ◎ Saft von 1 Zitrone

◎ Die reifen Aprikosen waschen, entkernen, 450 g Früchte abwiegen und in kleine Würfel schneiden. Die Früchte mit den übrigen Zutaten in einem großen Topf mischen und den Zucker 1 Stunde einwirken lassen.
◎ Nach der Einwirkzeit unter gelegentlichem Rühren bei mittlerer Temperatur erwärmen, dann auf höchster Stufe unter ständigem Rühren zum Kochen bringen. Wenn das gesamte Kochgut unter Rühren kräftig sprudelt, weitere 4 Minuten sprudelnd kochen lassen und dabei immer gut rühren! Anschließend die Gelierprobe machen und abschäumen. Dann den Topf von der Kochstelle nehmen und mit einem Stabmixer pürieren. Danach noch einmal kurz aufwallen lassen.
◎ Die fertige Marmelade sofort in die vorbereiteten, sterilisierten und heiß ausgespülten Gläser füllen. Mit den ebenfalls sterilisierten Deckeln verschließen und für etwa 5 Minuten kopfüber auf dem Deckel stehend ruhen lassen. Danach die Gläser wenden und vollständig abkühlen lassen.

Quitte mit Sanddorn

Für ca. 8–9 Gläser à 200 ml (ca. 1700 ml) ◎ Haltbar: mind. 18 Monate
700 g Quittenmasse (siehe Seite 75) ◎ 300 g Sanddornmark (siehe Seite 132) ◎
1 kg normaler Haushaltszucker

◎ Quittenmasse, Sanddornmark und Zucker in einem großen Topf mischen und den Zucker mindestens 1 Stunde abgedeckt einwirken lassen.
◎ Nach der Einwirkzeit den Topfinhalt unter gelegentlichem Rühren bei mittlerer Temperatur erwärmen, dann auf höchster Stufe unter ständigem Rühren zum Kochen bringen. Wenn das gesamte Kochgut unter Rühren kräftig sprudelt, weitere 3 Minuten sprudelnd kochen lassen und dabei immer gut rühren! Achtung: Die Masse spritzt und brennt gerne an!
◎ Dann die Masse sofort in die vorbereiteten, sterilisierten und heiß ausgespülten Gläser füllen. Mit den ebenfalls sterilisierten Deckeln verschließen und für etwa 5 Minuten kopfüber auf dem Deckel stehend ruhen lassen. Danach die Gläser wenden und vollständig abkühlen lassen.

Sanddorn mit Quitte und Holunder

Drei Mal echtes Superfood in einer Kombination!

500 g Sanddornmark (siehe Seite 132) ◎ 200 ml Quittensaft (siehe Seite 185) ◎ 200 ml Holunderbeerensaft (siehe Seite 182) ◎ 1 kg Gelierzucker 1:1 ◎ Saft von 1 Zitrone

◎ Sanddornmark, Quittensaft, Holunderbeerensaft, Zucker und Zitronensaft in einem großen Topf mischen und den Zucker mindestens 1 Stunde abgedeckt einwirken lassen.

◎ Nach der Einwirkzeit den Topfinhalt unter gelegentlichem Rühren bei mittlerer Temperatur erwärmen, dann auf höchster Stufe unter ständigem Rühren zum Kochen bringen. Wenn das gesamte Kochgut unter Rühren kräftig sprudelt, weitere 4 Minuten sprudelnd kochen lassen und dabei immer gut rühren!

◎ Dann die Masse sofort in die vorbereiteten, sterilisierten und heiß ausgespülten Gläser füllen. Mit den ebenfalls sterilisierten Deckeln verschließen und für etwa 5 Minuten kopfüber auf dem Deckel stehend ruhen lassen. Danach die Gläser wenden und vollständig abkühlen lassen.

TIPPS: Vogelbeeren am besten nach den ersten Frösten pflücken. Wenn Sie nicht auf den ersten Frost warten wollen, bis Sie die Vogelbeeren ernten, legen Sie die gereinigten Beeren für 3 oder 4 Tage in den Tiefkühler, das reduziert dann auch den bitteren Geschmack.
Diese herbsäuerliche Marmelade schmeckt köstlich zu Wildgerichten oder zu gebackenem Käse.

Schlehe pur

Für ca. 8–9 Gläser à 200 ml (ca. 1700 ml) ◎ Haltbar: mind. 18 Monate

Für das Schlehenmus: ca. 1,5 kg Schlehen

Für die Marmelade: 1 kg Schlehenmus ◎ 1 kg normaler Haushaltszucker ◎ Saft von 1 Zitrone

◎ Für das Schlehenmus die Schlehen waschen und verlesen. In einen Topf mit wenig Wasser geben, gerade so viel, dass der Topfboden gut 1 cm hoch bedeckt ist, und abgedeckt langsam aufkochen. Dann unter gelegentlichem Rühren 10–12 Minuten im eigenen Saft weich kochen.

◎ Die gegarten, noch heißen Schlehen samt dem entstandenen Saft durch die grobe Scheibe der Flotten Lotte in einen zweiten Topf passieren – nehmen Sie dabei nicht zu viel Schlehen auf einmal in die Flotte Lotte, weil die Schlehenkerne das Unterfangen natürlich nicht gerade einfach machen.

◎ Für die Marmelade Schlehenmus, Zucker und Zitronensaft in einem großen Topf mischen und den Zucker mindestens 1 Stunde abgedeckt einwirken lassen.

◎ Nach der Einwirkzeit die Mischung unter gelegentlichem Rühren bei mittlerer Temperatur erwärmen, dann auf höchster Stufe unter ständigem Rühren zum Kochen bringen. Wenn das gesamte Kochgut unter Rühren kräftig sprudelt, weitere 3 Minuten sprudelnd kochen lassen und dabei immer rühren! Anschließend die Gelierprobe machen und nach Bedarf abschäumen.

◎ Nach erfolgreicher Gelierprobe das Gelee sofort in die vorbereiteten, sterilisierten und heiß ausgespülten Gläser füllen. Mit den ebenfalls sterilisierten Deckeln verschließen und für etwa 5 Minuten kopfüber auf dem Deckel stehend ruhen lassen. Dann die Gläser wenden und vollständig abkühlen lassen.

TIPP: Falls das Einkochen nicht 1 kg Schlehenmus ergibt, können Sie gut mit Apfelsaft auffüllen, das macht die fertige Marmelade dann etwas milder.

Schlehengelee

Für ca. 8–9 Gläser à 200 ml (ca. 1700 ml) ◎ *Haltbar: mind. 18 Monate*

1 l Schlehensaft (siehe Seite 186) ◎ 1 kg Gelierzucker 1:1 ◎ Saft von 1 Zitrone

◎ Schlehensaft, Gelierzucker und Zitronensaft in einem großen Topf mischen. Die Mischung unter gelegentlichem Rühren bei mittlerer Temperatur erwärmen, dann auf höchster Stufe unter ständigem Rühren zum Kochen bringen. Wenn das gesamte Kochgut unter Rühren kräftig sprudelt, weitere 3 Minuten sprudelnd kochen lassen und dabei immer rühren! Anschließend die Gelierprobe machen und nach Bedarf abschäumen.

◎ Nach erfolgreicher Gelierprobe das Gelee sofort in die vorbereiteten, sterilisierten und heiß ausgespülten Gläser füllen. Mit den ebenfalls sterilisierten Deckeln verschließen und für etwa 5 Minuten kopfüber auf dem Deckel stehend ruhen lassen. Dann die Gläser wenden und vollständig abkühlen lassen.

Vogelbeere pur

Für ca. 8–9 Gläser à 200 ml (ca. 1700 ml) ◎ *Haltbar: mind. 18 Monate*
ca. 700 g Vogelbeeren (Ebereschen-Beeren) ◎ 400 ml Apfelsaft ◎
1 kg Gelierzucker 1:1 ◎ Saft von 1 Zitrone

◎ Die Vogelbeeren trocken verlesen, dabei letzte Stiel- und Blattreste oder unschöne Früchte entfernen und 600 g Beeren abwiegen. Anschließend waschen und mit dem Apfelsaft in einen großen Topf geben. Mit dem Stabmixer grob zerkleinern. Dann mit den übrigen Zutaten mischen und mindestens 1 Stunde abgedeckt Saft ziehen lassen.

◎ Nach der Ziehzeit den Topfinhalt unter gelegentlichem Rühren bei mittlerer Temperatur erwärmen, dann auf höchster Stufe unter ständigem Rühren zum Kochen bringen. Wenn das gesamte Kochgut unter Rühren kräftig sprudelt, weitere 4 Minuten sprudelnd kochen lassen und dabei immer gut rühren! Anschließend die Gelierprobe machen.

◎ Nach erfolgreicher Gelierprobe die Marmelade noch einmal kurz aufwallen lassen, dann sofort in die vorbereiteten, sterilisierten und heiß ausgespülten Gläser füllen. Mit den ebenfalls sterilisierten Deckeln verschließen und für etwa 5 Minuten kopfüber auf dem Deckel stehend ruhen lassen. Danach die Gläser wenden und vollständig abkühlen lassen.

Wilde Preiselbeere pur

Für ca. 8–9 Gläser à 200 ml (ca. 1700 ml) ⊚ *Haltbar: mind. 18 Monate*

1 kg frische, wilde Preiselbeeren ⊚ 1 kg Gelierzucker 1:1 ⊚ Saft von 1 Zitrone

⊚ Die Preiselbeeren verlesen und die unreifen, noch grünen Beeren entfernen. Die Beeren in einen großen Topf geben und leicht zerdrücken. Dann mit dem Gelierzucker und dem Zitronensaft vermischen. Die Mischung mindestens 1 Stunde abgedeckt Saft ziehen lassen.

⊚ Nach der Ziehzeit den Topfinhalt unter gelegentlichem Rühren bei mittlerer Temperatur erwärmen, dann auf höchster Stufe unter ständigem Rühren zum Kochen bringen. Wenn das gesamte Kochgut unter Rühren kräftig sprudelt, weitere 4 Minuten sprudelnd kochen lassen und dabei immer gut rühren! Anschließend die Gelierprobe machen und nach Bedarf abschäumen.

⊚ Nach erfolgreicher Gelierprobe die Marmelade sofort in die vorbereiteten, sterilisierten und heiß ausgespülten Gläser füllen. Mit den ebenfalls sterilisierten Deckeln verschließen und für etwa 5 Minuten kopfüber auf dem Deckel stehend ruhen lassen. Danach die Gläser wenden und vollständig abkühlen lassen.

INFO: Wilde Preiselbeeren finden Sie mit etwas Glück von Juni bis August in Kiefernwäldern. In dieser Zeit aber auch in gut sortierten Obst- und Gemüseläden oder auf dem Wochenmarkt. Wenn Sie einen Garten haben, dann lohnt es sich, dass Sie sich ein paar Preiselbeerbüsche pflanzen, denn Preiselbeeren enthalten reichlich gesunde Inhaltsstoffe wie Vitamin C, Vitamin B und Vitamin A. Außerdem enthalten die Beeren unter anderem die Mineralstoffe Kalium, Kalzium, Phosphor und Magnesium.

Waldheidelbeere pur

Für ca. 8–9 Gläser à 200 ml (ca. 1700 ml) ◎ Haltbar: mind. 18 Monate
1 kg Waldheidelbeeren ◎ 1 kg Gelierzucker 1:1 ◎ Saft von 1 Zitrone

◎ Die Waldheidelbeeren verlesen, in einen großen Topf geben und mit dem Pürierstab kurz zerkleinern. Den Gelierzucker und den Zitronensaft zufügen und alles vermischen. Die Mischung mindestens 1 Stunde Saft ziehen lassen.
◎ Nach der Ziehzeit den Topfinhalt unter gelegentlichem Rühren bei mittlerer Temperatur erwärmen, dann auf höchster Stufe unter ständigem Rühren zum Kochen bringen. Wenn das gesamte Kochgut unter Rühren kräftig sprudelt, weitere 3 Minuten sprudelnd kochen lassen und dabei immer gut rühren! Anschließend die Gelierprobe machen.
◎ Nach erfolgreicher Gelierprobe die Marmelade sofort in die vorbereiteten, sterilisierten und heiß ausgespülten Gläser füllen. Mit den ebenfalls sterilisierten Deckeln verschließen und für etwa 5 Minuten kopfüber auf dem Deckel stehend ruhen lassen. Danach die Gläser wenden und vollständig abkühlen lassen.

INFO: Das Schönste an der Waldheidelbeermarmelade sind die Erinnerungen an Kindertage, als wir durch das Unterholz getobt sind, die Hände und das Gesicht mit Beeren verschmiert – nicht selten auch die Hosenbeine und die Pullover – und die Zungen vom vielen Naschen so blau, dass jeder Chow-Chow vor Neid erblasst wäre!
Und heute frage ich mich allen Ernstes, ob die leckeren Waldheidelbeeren schon immer soooo weit unten gewachsen sind. Aber wir wollen nicht an die Mühen des Sammelns denken, kochen wir lieber Marmelade – zur Not auch aus Beeren, die Sie auf dem Wochenmarkt gekauft haben.

Waldhimbeere pur

Für ca. 8–9 Gläser à 200 ml (ca. 1700 ml) ◎ Haltbar: mind. 18 Monate
1 kg Waldhimbeeren ◎ 1 kg Gelierzucker 1:1 ◎ Saft von 1 Zitrone

◎ Die Waldhimbeeren noch einmal trocken verlesen, dabei letzte Stiel- und Blattreste oder unschöne Früchte entfernen (aber nicht waschen), in einen Topf geben und mit den restlichen Zutaten mischen. Die Mischung mindestens 1 Stunde Saft ziehen lassen.
◎ Nach der Ziehzeit den Topfinhalt unter gelegentlichem Rühren bei mittlerer Temperatur erwärmen, dann auf höchster Stufe unter ständigem Rühren zum Kochen bringen. Wenn das gesamte Kochgut unter Rühren kräftig sprudelt, weitere 4 Minuten sprudelnd kochen lassen und dabei immer gut rühren! Anschließend die Gelierprobe machen.
◎ Nach erfolgreicher Gelierprobe die Marmelade noch einmal kurz aufwallen lassen, dann sofort in die vorbereiteten, sterilisierten und heiß ausgespülten Gläser füllen. Mit den ebenfalls sterilisierten Deckeln verschließen und für etwa 5 Minuten kopfüber auf dem Deckel stehend ruhen lassen. Danach die Gläser wenden und vollständig abkühlen lassen.

INFO: Die wilde Verwandtschaft hat, wie so oft auch hier, ein viel intensiveres Aroma als ihre Gartenvariante – auch wenn die Früchte durchweg kleiner sind, ist jede einzelne um Welten köstlicher als die jeder Züchtung. Das mit dem Finden und Pflücken der Beeren macht sie umso kostbarer.

Wilde Brombeere pur

Für ca. 8–9 Gläser à 200 ml (ca. 1700 ml) ◎ Haltbar: mind. 18 Monate

1 kg wilde Brombeeren ◎ 1 kg Gelierzucker 1:1 ◎ Saft von 1 Zitrone

◎ Die Beeren vorsichtig noch einmal trocken verlesen, dabei letzte Stiel- und Blattreste oder unschöne Früchte entfernen (aber nicht waschen). Die Beeren in einen Topf geben und mit dem Gelierzucker und dem Zitronensaft mischen. Die Mischung mindestens 1 Stunde Saft ziehen lassen.

◎ Nach der Ziehzeit den Topfinhalt unter gelegentlichem Rühren bei mittlerer Temperatur erwärmen, dann auf höchster Stufe unter ständigem Rühren zum Kochen bringen. Wenn das gesamte Kochgut unter Rühren kräftig sprudelt, weitere 4 Minuten sprudelnd kochen lassen und dabei immer gut rühren! Anschließend die Gelierprobe machen.

◎ Nach erfolgreicher Gelierprobe die Marmelade noch einmal kurz aufwallen lassen, dann sofort in die vorbereiteten, sterilisierten und heiß ausgespülten Gläser füllen. Mit den ebenfalls sterilisierten Deckeln verschließen und für etwa 5 Minuten kopfüber auf dem Deckel stehend ruhen lassen. Danach die Gläser wenden und vollständig abkühlen lassen.

TIPP: Ich mag Marmeladen, in denen die ganzen Beeren enthalten sind – also auch die Kernchen. Falls Sie zu der »lieber-ohne-Kernchen«-Fraktion gehören, geben Sie die verlesenen Früchte in einen Topf mit wenig Wasser, gerade so viel, dass der Topfboden maximal 1 Zentimeter hoch damit bedeckt ist, und bringen Sie den Topfinhalt langsam zum Kochen. Unter Rühren 2–3 Minuten köcheln lassen, dann die heiße Masse entweder durch ein feines Sieb streichen oder durch den feinen Einsatz der Flotten Lotte drehen. Für die Herstellung der Marmelade mischen Sie das Brombeermark mit dem Zucker und dem Zitronensaft und verfahren wie oben beschrieben. Es reicht allerdings dann meistens, wenn die Masse nur 2 Minuten sprudelnd kocht.
Ach ja, für eine kernlose Marmelade müssen Sie natürlich mehr Brombeeren sammeln, weil Sie mindestens 20 Prozent an Masse verlieren, bis die Kernchen draußen sind.

INFO: Wilde Brombeeren gehören zu meinen absoluten Lieblingsbeeren überhaupt! Wenn die köstlichen Beeren schwarz-glänzend, prall und saftig an den Ranken hängen, bricht meine Sammelleidenschaft durch, und mit alten Hosen und einem »dicken« Hemd bekleidet, mache ich mich auf zum Sammeln. Dabei werden die ergiebigen Stellen von Beerensammlern genauso geheim gehalten, wie die »guten Plätze« von Pilzliebhabern… Sammeln Sie nur die wirklich reifen Beeren – schwarz, glänzend, prall – alle anderen sind sauer oder sogar bitter – und verderben den Genuss.
Und wie oft beneide ich beim Sammeln die Vögel, denn die dicksten und schönsten Beeren hängen immer unerreichbar ganz oben, perfekt geschützt von einem Wall aus stachelstrotzenden Ranken.

Walderdbeere in Himbeeren und Champagner

Falls Sie mal SO RICHTIG bei jemandem punkten wollen, dann ist das bestimmt die richtige Marmelade dafür!

Für ca. 8–9 Gläser à 200 ml (ca. 1700 ml) ◎ *Haltbar: mind. 18 Monate*
Für das Himbeermark: 700 g Himbeeren
Für die Marmelade: 480 g Himbeermark ◎ 230 g Walderdbeeren ◎ 1 kg Gelierzucker 1:1 ◎ Saft von 1 Zitrone ◎ 200 ml Champagner

◎ Für das Himbeermark die Himbeeren verlesen (aber nicht waschen) und in einen Topf mit wenig Wasser geben, gerade so viel, dass der Topfboden gut 0,5 cm hoch bedeckt ist, und aufkochen. Die noch heiße Masse durch ein feines Sieb streichen, bis nur noch die Kernchen im Sieb übrig sind.

◎ Für die Marmelade die erkaltete Himbeermasse mit den Walderdbeeren, dem Gelierzucker und dem Zitronensaft in einem großen Topf mischen. Die Mischung mindestens 1 Stunde Saft ziehen lassen.

◎ Nach der Ziehzeit den Topfinhalt unter gelegentlichem Rühren bei mittlerer Temperatur erwärmen, dann auf höchster Stufe unter ständigem Rühren zum Kochen bringen. Wenn das gesamte Kochgut unter Rühren kräftig sprudelt, weitere 4 Minuten sprudelnd kochen lassen und dabei immer gut rühren! Anschließend die Gelierprobe machen.

◎ Nach erfolgreicher Gelierprobe den Champagner einrühren und die Masse noch einmal kurz aufwallen lassen. Dann sofort in die vorbereiteten, sterilisierten und heiß ausgespülten Gläser füllen. Mit den ebenfalls sterilisierten Deckeln verschließen und für etwa 5 Minuten kopfüber auf dem Deckel stehend ruhen lassen. Danach die Gläser wenden und vollständig abkühlen lassen.

Wildkirsche pur

Für ca. 8–9 Gläser à 200 ml (ca. 1700 ml) ◎ *Haltbar: mind. 18 Monate*
Für das Wildkirschmus: ca. 1,5 kg frisch gepflückte Wildkirschen
Für die Marmelade: 1 kg Wildkirschmus ◎ etwas Apfelsaft zum Auffüllen nach Bedarf ◎ 1 kg Gelierzucker 1:1 ◎ Saft von 1 Zitrone

◎ Für das Wildkirschenmus die frisch gepflückten Früchte noch einmal trocken verlesen, dann waschen.
◎ In einen Topf mit wenig Wasser geben, gerade so viel, dass der Topfboden gut 1 cm hoch bedeckt ist, und abgedeckt langsam aufkochen. Unter gelegentlichem Rühren 5–10 Minuten köcheln lassen.
◎ Die gegarten, noch heißen Wildkirschen samt dem entstandenen Saft durch die grobe Scheibe der Flotten Lotte in einen zweiten Topf passieren – nehmen Sie dabei nicht zu viel Masse auf einmal in die Flotte Lotte, weil die enthaltenen Kerne das Unterfangen natürlich nicht gerade einfach machen.
◎ Die gegarten, noch heißen Kirschen samt dem entstandenen Saft durch die grobe Scheibe der Flotten Lotte in einen zweiten Topf passieren – nehmen Sie dabei nicht zu viel Masse auf, weil die enthaltenen Kerne das Unterfangen natürlich nicht gerade einfach machen.
◎ 1 kg vom entstandenen Mus für die Marmelade abwiegen (falls etwas Gewicht fehlt, können Sie gut mit Apfelsaft auffüllen, das macht die fertige Marmelade dann etwas milder).
◎ Für die Marmelade Wildkirschmus, Zucker und Zitronensaft in einem großen Topf mischen und den Zucker mindestens 1 Stunde einwirken lassen.
◎ Nach der Einwirkzeit den Topfinhalt unter gelegentlichem Rühren bei mittlerer Temperatur erwärmen, dann auf höchster Stufe unter ständigem Rühren zum Kochen bringen. Wenn das gesamte Kochgut unter Rühren kräftig sprudelt, weitere 3 Minuten sprudelnd kochen lassen und dabei immer gut rühren! Anschließend die Gelierprobe machen.
◎ Nach erfolgreicher Gelierprobe die Marmelade sofort in die vorbereiteten, sterilisierten und heiß ausgespülten Gläser füllen. Mit den ebenfalls sterilisierten Deckeln verschließen und für etwa 5 Minuten kopfüber auf dem Deckel stehend ruhen lassen. Danach die Gläser wenden und vollständig abkühlen lassen.

INFO: Die Früchte der Wildkirsche sind schwarz, eher klein und haben einen Durchmesser von weniger als einem Zentimeter. Das wenige Fruchtfleisch schmeckt leicht herb, bittersüß und ist nur wenig saftig. Aus ihr wurden die Sorten der um vieles größeren Knorpel- und der Herzkirsche gezüchtet.

Wildkirsche mit Apfel- und Holundersaft

Für ca. 8–9 Gläser à 200 ml (ca. 1700 ml) ◎ Haltbar: mind. 18 Monate

600 g Wildkirschmus (siehe Seite 144) ◎ 150 ml Apfelsaft ◎ 150 ml Holundersaft ◎ 1 kg Gelierzucker 1:1 ◎ Saft von 1 Zitrone

◎ Alle Zutaten in einem großen Topf mischen und den Zucker mindestens 1 Stunde einwirken lassen.

◎ Nach der Einwirkzeit den Topfinhalt unter gelegentlichem Rühren bei mittlerer Temperatur erwärmen, dann auf höchster Stufe unter ständigem Rühren zum Kochen bringen. Wenn das gesamte Kochgut unter Rühren kräftig sprudelt, weitere 3 Minuten sprudelnd kochen lassen und dabei immer gut rühren! Anschließend die Gelierprobe machen.

◎ Nach erfolgreicher Gelierprobe die Marmelade noch einmal kurz aufwallen lassen. Dann sofort in die vorbereiteten, sterilisierten und heiß ausgespülten Gläser füllen. Mit den ebenfalls sterilisierten Deckeln verschließen und für etwa 5 Minuten kopfüber auf dem Deckel stehend ruhen lassen. Danach die Gläser wenden und vollständig abkühlen lassen.

TIPP: Diese Marmelade schmeckt hervorragend zu Wildgerichten – anstelle von Preiselbeeren als Beilage oder direkt in der Sauce.

Heimisch gewordene Exoten

Aroniagelee

Für ca. 8–9 Gläser à 200 ml (ca. 1700 ml) ◎ Haltbar: mind. 18 Monate

1 l Aroniasaft ◎ 1 kg Gelierzucker 1:1 ◎ 1 EL frisch gepresster Zitronensaft

◎ Aroniasaft, Gelierzucker und Zitronensaft mischen. Die Mischung unter gelegentlichem Rühren bei mittlerer Temperatur erwärmen, dann auf höchster Stufe unter ständigem Rühren zum Kochen bringen. Wenn das gesamte Kochgut unter Rühren kräftig sprudelt, weitere 4 Minuten sprudelnd kochen lassen und dabei immer gut rühren! Anschließend die Gelierprobe machen und abschäumen.

◎ Nach erfolgreicher Gelierprobe das Gelee sofort in die vorbereiteten, sterilisierten und heiß ausgespülten Gläser füllen. Mit den ebenfalls sterilisierten Deckeln verschließen und für etwa 5 Minuten kopfüber auf dem Deckel stehend ruhen lassen. Dann die Gläser wenden und vollständig abkühlen lassen.

INFO: Die Aroniabeere stammt ursprünglich aus Nordamerika, ist aber schon seit vielen Jahren auch in unseren Breiten heimisch. Bei uns ist sie auch als Schwarze Apfelbeere bekannt. Mit ihrem herb-säuerlichen Geschmack erscheint sie nicht jedem gleich auf Anhieb als eine Delikatesse. Auf jeden Fall schmeckt sie seeeehr gesund – und macht sich, ähnlich wie die Preiselbeere, hervorragend zu Wildgerichten.

Aronia-Apfel-Gelee

Für ca. 8–9 Gläser à 200 ml (ca. 1700 ml) ◎ Haltbar: mind. 18 Monate

300 ml Aroniasaft ◎ 600 ml Apfelsaft ◎ 1 kg Gelierzucker 1:1 ◎ 1 EL frisch gepresster Zitronensaft

◎ Aroniasaft, Apfelsaft, Gelierzucker und Zitronensaft in einem großen Topf mischen. Die Mischung unter gelegentlichem Rühren bei mittlerer Temperatur erwärmen, dann auf höchster Stufe unter ständigem Rühren zum Kochen bringen. Wenn das gesamte Kochgut unter Rühren kräftig sprudelt, weitere 4 Minuten sprudelnd kochen lassen und dabei immer gut rühren! Anschließend die Gelierprobe machen und abschäumen.

◎ Nach erfolgreicher Gelierprobe das Gelee sofort in die vorbereiteten, sterilisierten und heiß ausgespülten Gläser füllen. Mit den ebenfalls sterilisierten Deckeln verschließen und für etwa 5 Minuten kopfüber auf dem Deckel stehend ruhen lassen. Dann die Gläser wenden und vollständig abkühlen lassen.

Feige pur

Für ca. 8–9 Gläser à 200 ml (ca. 1700 ml) ◎ Haltbar: mind. 18 Monate

1 kg frische, reife Feigen ◎ 1 kg Gelierzucker 1:1 ◎ Saft von 1 Zitrone

◎ Die Feigen waschen, den Stielansatz entfernen und die Früchte vierteln. Die Feigenstücke in einem großen Topf mit dem Gelierzucker und dem Zitronensaft mischen. Die Mischung 1–2 Stunden abgedeckt Saft ziehen lassen.

◎ Nach dieser Zeit, wenn die Feigenstücke schon im Saft schwimmen, den Topfinhalt unter gelegentlichem Rühren bei mittlerer Temperatur erwärmen, dann auf höchster Stufe unter ständigem Rühren zum Kochen bringen. Wenn das gesamte Kochgut unter Rühren kräftig sprudelt, weitere 4 Minuten sprudelnd kochen lassen und dabei immer gut rühren! Anschließend die Gelierprobe machen und nach Bedarf abschäumen.

◎ Nach erfolgreicher Gelierprobe die Marmelade sofort in die vorbereiteten, sterilisierten und heiß ausgespülten Gläser füllen. Mit den ebenfalls sterilisierten Deckeln verschließen und für etwa 5 Minuten kopfüber auf dem Deckel stehend ruhen lassen. Danach die Gläser wenden und vollständig abkühlen lassen.

Feige mit Rotwein

Dass diese Marmelade hervorragend zu Käse schmeckt, muss vermutlich nicht erwähnt werden.

Für ca. 8–9 Gläser à 200 ml (ca. 1700 ml) ◎ Haltbar: mind. 18 Monate

800 g frische, reife Feigen ◎ 1 kg Gelierzucker 1:1 ◎ Saft von 1 Zitrone ◎ 200 g trockener Rotwein (z. B. Dornfelder)

◎ Die Feigen waschen, den Stielansatz entfernen und die Früchte grob hacken. Die Feigenstücke in einem großen Topf mit dem Gelierzucker und dem Zitronensaft mischen. Die Mischung 1–2 Stunden abgedeckt Saft ziehen lassen.

◎ Danach den Rotwein angießen und mit der Feigen-Zucker-Mischung verrühren. Den Topfinhalt unter gelegentlichem Rühren bei mittlerer Temperatur erwärmen, dann auf höchster Stufe unter ständigem Rühren zum Kochen bringen. Wenn das gesamte Kochgut unter Rühren kräftig sprudelt, weitere 4 Minuten sprudelnd kochen lassen und dabei immer gut rühren! Anschließend die Gelierprobe machen und nach Bedarf abschäumen.

◎ Nach erfolgreicher Gelierprobe die Marmelade sofort in die vorbereiteten, sterilisierten und heiß ausgespülten Gläser füllen. Mit den ebenfalls sterilisierten Deckeln verschließen und für etwa 5 Minuten kopfüber auf dem Deckel stehend ruhen lassen. Danach die Gläser wenden und vollständig abkühlen lassen.

Feige mit Walnuss

Für ca. 8–9 Gläser à 200 ml (ca. 1700 ml) ◎ *Haltbar: mind. 18 Monate*

1 kg frische, reife Feigen ◎ 1 kg Gelierzucker 1:1 ◎ Saft von 1 Zitrone ◎ 50 g Walnusskerne

◎ Die Feigen waschen, den Stielansatz entfernen und die Früchte grob hacken. Die Feigenstücke in einem großen Topf mit dem Gelierzucker und dem Zitronensaft mischen. Die Mischung 1–2 Stunden abgedeckt Saft ziehen lassen.

◎ Inzwischen die ganzen Walnusskerne in einer fettfreien, unbeschichteten Pfanne leicht anrösten. Sofort im Anschluss in eine Schüssel umfüllen und abkühlen lassen. Vor der Zugabe zur Marmelade klein hacken. Wichtig: Benutzen Sie dazu auf keinen Fall eine beschichtete Pfanne!

◎ Nach der Ziehzeit den Topfinhalt auf höchster Stufe unter ständigem Rühren zum Kochen bringen. Wenn das gesamte Kochgut unter Rühren kräftig sprudelt, weitere 4 Minuten sprudelnd kochen lassen und dabei immer gut rühren! 1 Minute vor Ende der Kochzeit die Walnussstückchen dazugeben und kräftig mitkochen. Anschließend die Gelierprobe machen.

◎ Nach erfolgreicher Gelierprobe die Marmelade sofort in die vorbereiteten, sterilisierten und heiß ausgespülten Gläser füllen. Mit den ebenfalls sterilisierten Deckeln verschließen und für etwa 5 Minuten kopfüber auf dem Deckel stehend ruhen lassen. Danach die Gläser wenden und vollständig abkühlen lassen.

Feige mit Wodka

Für ca. 8–9 Gläser à 200 ml (ca. 1700 ml) ◎ Haltbar: mind. 18 Monate

1 kg frische, reife Feigen ◎ 1 kg Gelierzucker 1:1 ◎ Saft von 1 Zitrone ◎ 30 g Wodka

◎ Die Feigen waschen, den Stielansatz entfernen und die Früchte grob hacken. Die Feigenstücke in einem großen Topf mit dem Gelierzucker und dem Zitronensaft mischen. Die Mischung 1–2 Stunden abgedeckt Saft ziehen lassen.

◎ Nach dieser Zeit, wenn die Feigenstücke schon im Saft schwimmen, den Topfinhalt unter gelegentlichem Rühren bei mittlerer Temperatur erwärmen, dann auf höchster Stufe unter ständigem Rühren zum Kochen bringen. Wenn das gesamte Kochgut unter Rühren kräftig sprudelt, weitere 4 Minuten sprudelnd kochen lassen und dabei immer gut rühren! Anschließend die Gelierprobe machen und nach Bedarf abschäumen.

◎ Nach erfolgreicher Gelierprobe den Wodka schnell und gründlich unterrühren. Die heiße Masse sofort in die vorbereiteten, sterilisierten und heiß ausgespülten Gläser füllen. Mit den ebenfalls sterilisierten Deckeln verschließen und für etwa 5 Minuten auf dem Deckel stehend ruhen lassen. Dann wenden und vollständig abkühlen lassen.

Kiwi pur

Für ca. 8–9 Gläser à 200 ml (ca. 1700 ml) ◉ Haltbar: mind. 18 Monate
ca. 1,2 kg reife Kiwis ◉ 1 kg Gelierzucker 1:1 ◉ Saft von 1 Zitrone

◉ Die Kiwis schälen, 1 kg Früchte abwiegen und in grobe Stücke teilen. In einem großen Topf mit dem Gelierzucker und dem Zitronensaft mischen. Die Mischung mindestens 1 Stunde abgedeckt Saft ziehen lassen.
◉ Nach der Ziehzeit den Topfinhalt unter gelegentlichem Rühren bei mittlerer Temperatur erwärmen, dann auf höchster Stufe unter ständigem Rühren zum Kochen bringen. Wenn das gesamte Kochgut unter Rühren kräftig sprudelt, weitere 4 Minuten sprudelnd kochen lassen und dabei immer gut rühren! Anschließend kurz mit dem Pürierstab bearbeiten und die Gelierprobe machen. Nach Bedarf abschäumen.
◉ Nach erfolgreicher Gelierprobe die Marmelade sofort in die vorbereiteten, sterilisierten und heiß ausgespülten Gläser füllen. Mit den ebenfalls sterilisierten Deckeln verschließen und für etwa 5 Minuten kopfüber auf dem Deckel stehend ruhen lassen. Danach die Gläser wenden und vollständig abkühlen lassen.

Kiwi mit Rhabarber

Für ca. 8–9 Gläser à 200 ml (ca. 1700 ml) ◉ Haltbar: mind. 18 Monate
ca. 800 g reife Kiwis ◉ etwa 350 g Rhabarberstangen ◉ 1 kg Gelierzucker 1:1 ◉ Saft von 1 Zitrone

◉ Die Kiwis schälen, 700 g abwiegen und in grobe Stücke teilen. Die Rhabarberstangen waschen, mit der Messerspitze unter die Schale stechen und in dünnen Fäden abziehen. 300 g Rhabarber abwiegen und die Stangen in kleine Stücke schneiden. Die Kiwis und den Rhabarber in einem großen Topf mit dem Gelierzucker und dem Zitronensaft mischen. Die Mischung mindestens 1 Stunde abgedeckt Saft ziehen lassen.
◉ Nach der Ziehzeit den Topfinhalt unter gelegentlichem Rühren bei mittlerer Temperatur erwärmen, dann auf höchster Stufe unter ständigem Rühren zum Kochen bringen. Wenn das gesamte Kochgut unter Rühren kräftig sprudelt, weitere 4 Minuten sprudelnd kochen lassen und dabei immer gut rühren! Anschließend kurz mit dem Pürierstab bearbeiten und die Gelierprobe machen. Die Marmelade nach Bedarf abschäumen.
◉ Nach erfolgreicher Gelierprobe die Marmelade sofort in die vorbereiteten, sterilisierten und heiß ausgespülten Gläser füllen. Mit den ebenfalls sterilisierten Deckeln verschließen und für etwa 5 Minuten kopfüber auf dem Deckel stehend ruhen lassen. Danach die Gläser wenden und vollständig abkühlen lassen.

Kumquat pur

Für ca. 8–9 Gläser à 200 ml (ca. 1700 ml) ◎ Haltbar: mind. 18 Monate
1 kg Kumquats ◎ 1 kg normaler Haushaltszucker

◎ Die Kumquats waschen, quer halbieren und die Kernchen entfernen. Dann die Früchte mitsamt der Schale in dünne Scheiben schneiden. In einem großen Topf mit Zucker mischen und mindestens 1 Stunde abgedeckt Saft ziehen lassen.
◎ Nach der Ziehzeit den Topfinhalt unter gelegentlichem Rühren bei mittlerer Temperatur erwärmen, dann auf höchster Stufe unter ständigem Rühren zum Kochen bringen. Wenn das gesamte Kochgut unter Rühren kräftig sprudelt, weitere 2 Minuten sprudelnd kochen lassen und dabei immer gut rühren! Die Temperatur dann reduzieren und die Masse unter gelegentlichem Rühren noch 10 Minuten weiterköcheln lassen. Anschließend die Gelierprobe machen.
◎ Nach erfolgreicher Gelierprobe die Marmelade noch einmal kurz aufwallen lassen. Dann sofort in die vorbereiteten, sterilisierten und heiß ausgespülten Gläser füllen. Mit den ebenfalls sterilisierten Deckeln verschließen und für etwa 5 Minuten kopfüber auf dem Deckel stehend ruhen lassen. Danach die Gläser wenden und vollständig abkühlen lassen.

Variante
◎ Diese Frucht ist eine hervorragende Wahl, um mit Whisky (oder Whiskey) verfeinert zu werden. Dafür einfach direkt vor dem Abfüllen 30 ml Whisky unter die heiße Masse rühren.

INFO: Es stimmt, die Kumquat (Zwergorange) ist nun tatsächlich kein typisch einheimisches Obst, aber das sind Feigen und Kiwis ja eigentlich auch nicht, und dennoch sind sie mittlerweile aus heimischem Anbau hier anzutreffen. Als ich im letzten Oktober von einem Kunden einen Korb voller Kakis bekommen habe, die in Frankfurt im Garten seines Nachbars geerntet wurden, habe sogar ich gestaunt.
Die letzten Kumquats, die ich verarbeitet habe, stammten aus dem Klostergarten in Seligenstadt, wo ich sie selbst geerntet habe – und einige meiner Kunden haben mir inzwischen berichtet, dass ihr Kumquatbäumchen zu Hause auch voller Früchte hinge.
Wenn Ihre Kumquaternte nicht ganz so ergiebig ausfällt, können Sie entweder die Zuckermenge an das Gewicht der kochfertigen Kumquatmasse anpassen oder aber mit Orange- oder Mandarinensaft ergänzen – dann wird die fertige Marmelade allerdings etwas milder, als wenn Sie die Kumquats pur verarbeiten.

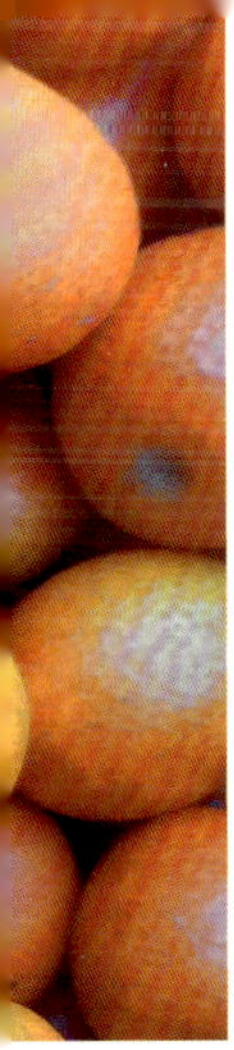

Gojibeeren in Apfelgelee

Für ca. 7–8 Gläser à 200 ml (ca. 1600 ml) ◎ Haltbar: mind. 18 Monate

100 g frische Gojibeeren ◎ 700 ml Apfelsaft ◎ 1 kg Gelierzucker 1:1 ◎
Saft von 1 Zitrone

◎ Die Gojibeeren noch einmal trocken verlesen, dabei Stiele, Blätter oder unschöne Früchte entfernen. Dann waschen und halbieren. Die Gojibeeren mit den übrigen Zutaten in einem großen Topf vermischen.

◎ Die Mischung unter gelegentlichem Rühren bei mittlerer Temperatur erwärmen, dann auf höchster Stufe unter ständigem Rühren zum Kochen bringen. Wenn das gesamte Kochgut unter Rühren kräftig sprudelt, weitere 2–3 Minuten sprudelnd kochen lassen und dabei immer rühren! Anschließend die Gelierprobe machen und nach Bedarf abschäumen.

◎ Nach erfolgreicher Gelierprobe das Gelee noch einmal aufwallen lassen, dann sofort in die vorbereiteten, sterilisierten und heiß ausgespülten Gläser füllen. Mit den ebenfalls sterilisierten Deckeln verschließen und für etwa 5 Minuten kopfüber auf dem Deckel stehend ruhen lassen. Dann die Gläser wenden und vollständig abkühlen lassen.

TIPP: Die Beeren des Gemeinen Bocksdorns, wie die Pflanze auf Deutsch heißt, werden oft als Superfood bezeichnet. Viele Menschen kennen diese Beeren allerdings nur getrocknet als Bestandteil von Müslis, dabei wird die Art in unseren Breiten oft als Zierpflanze verwendet. Sie erkennen sie an ihren kleinen violetten Blütenkelchen mit hellem Auge, später an den leuchtend roten Beeren.

Gemüse

Kürbis mit Orangensaft und Ingwer

Für ca. 8–9 Gläser à 200 ml (ca. 1700 ml) ◎ *Haltbar: mind. 18 Monate*

ca. 1 kg Kürbis (am besten Muskatkürbis oder Butternut) ◎ 60 g Ingwer ◎ 250 ml Orangensaft ◎ Saft von Zitrone ◎ 1 kg Gelierzucker 1:1

◎ Den Kürbis schälen, die Kerne entfernen, 700 g Fruchtfleisch abwiegen und in etwa 1 x 1 cm große Würfel schneiden. Den Ingwer schälen und in sehr kleine Würfel schneiden. Den Kürbis und den Ingwer mit den übrigen Zutaten in einem großen Topf mischen. Die Mischung abgedeckt mindestens 2 Stunden Saft ziehen lassen.

◎ Anschließend den Topfinhalt unter gelegentlichem Rühren bei mittlerer Temperatur erwärmen, dann auf höchster Stufe unter ständigem Rühren zum Kochen bringen. Wenn das gesamte Kochgut unter Rühren kräftig sprudelt, weitere 4 Minuten sprudelnd kochen lassen und dabei immer gut rühren! Achtung: Die Masse spritzt beim Kochen und brennt sehr leicht an!

◎ Anschließend die Gelierprobe machen. Nach erfolgreicher Gelierprobe noch einmal kurz aufwallen lassen, dann sofort in die vorbereiteten, sterilisierten und heiß ausgespülten Gläser füllen. Mit den ebenfalls sterilisierten Deckeln verschließen und für etwa 5 Minuten auf dem Deckel stehend ruhen lassen. Dann wenden und vollständig abkühlen lassen.

TIPP: Die Kürbis- und Ingwerwürfel verkochen nur zum Teil, sodass eine stückige Marmelade entsteht. Wenn Sie eine samtige Marmelade bevorzugen, reiben Sie den Ingwer fein, statt ihn klein zu schneiden. Pürieren Sie außerdem die Kürbismasse direkt vor dem Abfüllen.

Kürbis mit gerösteten Mandeln

Für ca. 8–9 Gläser à 200 ml (ca. 1700 ml) ◎ *Haltbar: mind. 18 Monate*

ca. 1 kg Kürbis (am besten Muskatkürbis oder Butternut) ◎ 150 ml Orangensaft ◎ Saft von 1 Zitrone ◎ 1 Msp. gemahlener Ceylon-Zimt ◎ 1 kg Gelierzucker 1:1 ◎ 50 g Mandelblättchen

◎ Den Kürbis schälen, die Kerne entfernen, 850 g Fruchtfleisch abwiegen und in etwa 1 x 1 cm große Würfel schneiden. Zusammen mit den übrigen Zutaten außer den Mandeln in einem großen Topf mischen. Die Mischung abgedeckt mindestens 2 Stunden Saft ziehen lassen.

◎ Inzwischen die Mandelblättchen in einer unbeschichteten Pfanne ohne Fettzugabe goldbraun rösten. Das geht am besten unter ständigem Rühren auf mittlerer bis hoher Kochstufe. Wichtig: Die Mandeln müssen sofort aus der Pfanne genommen werden, sobald sie die gewünschte Farbe angenommen haben, weil sie andernfalls in dem inzwischen sehr heißen Topf sofort verbrennen! Am besten benutzen Sie ein sauberes, trockenes Baumwoll-Geschirrtuch und wischen damit die Mandeln aus dem Topf in eine hitzebeständige Schüssel. (Achten Sie unbedingt darauf, den Topf dabei nur am Griff zu berühren!) Darin können die Mandeln abkühlen. Die abgekühlten Mandelblättchen in kleine Stücke brechen.

◎ Nach der Ziehzeit den Topfinhalt unter gelegentlichem Rühren bei mittlerer Temperatur erwärmen, dann auf höchster Stufe unter ständigem Rühren zum Kochen bringen. Wenn das gesamte Kochgut unter Rühren kräftig sprudelt, weitere 3 Minuten sprudelnd kochen lassen und dabei immer gut rühren! (Achtung: Die Masse spritzt beim Kochen und brennt sehr leicht an!) Dann die Mandelblättchen unterziehen und die Masse noch 1 Minute sprudelnd kochen lassen. Anschließend die Gelierprobe machen.

◎ Nach erfolgreicher Gelierprobe die Marmelade noch einmal kurz aufwallen lassen. Dann sofort in die vorbereiteten, sterilisierten und heiß ausgespülten Gläser füllen. Mit den ebenfalls sterilisierten Deckeln verschließen und für etwa 5 Minuten kopfüber auf dem Deckel stehend ruhen lassen. Danach die Gläser wenden und vollständig abkühlen lassen.

Karotte

Für ca. 8–9 Gläser à 200 ml (ca. 1700 ml) ◎ *Haltbar: mind. 18 Monate*

ca. 750 g Karotten ◎ ca. 500 g säuerliche Äpfel (z. B. Boskop) ◎ 1 unbehandelte Zitrone ◎ 1 kg Gelierzucker 1:1

◎ Die Karotten schälen, 600 g Fruchtfleisch abwiegen und in Scheiben schneiden. In sehr wenig Wasser weich garen, sie sollten jedoch noch etwas Biss haben.

◎ Die Äpfel schälen, entkernen, 400 g Fruchtfleisch abwiegen und grob raspeln. Die Zitrone heiß abwaschen und die Schale fein abreiben, anschließend den Saft auspressen. Karotten, Äpfel, Zitronensaft, Zitronenabrieb und Zucker in einem großen Topf mischen. Die Mischung abgedeckt 1 Stunde Saft ziehen lassen.

◎ Nach dieser Zeit den Topfinhalt unter gelegentlichem Rühren bei mittlerer Temperatur erwärmen, dann auf höchster Stufe unter ständigem Rühren zum Kochen bringen. Wenn das gesamte Kochgut unter Rühren kräftig sprudelt, weitere 4 Minuten sprudelnd kochen lassen und dabei immer gut rühren! Anschließend die Gelierprobe machen.

◎ Nach erfolgreicher Gelierprobe die Masse mit dem Pürierstab noch etwas feiner zerkleinern, sie sollte aber Struktur behalten. Dann noch einmal kurz aufwallen lassen und sofort in die vorbereiteten, sterilisierten und heiß ausgespülten Gläser füllen. Mit den ebenfalls sterilisierten Deckeln verschließen und für etwa 5 Minuten kopfüber auf dem Deckel stehend ruhen lassen. Danach die Gläser wenden und vollständig abkühlen lassen.

TIPPS: Wenn Sie dieses Rezept um ein kleines Stück Ingwer ergänzen, machen Sie keinen Fehler! Sie haben es sich sicher schon gedacht: eine tolle Marmelade für das Osterfrühstück oder auch ein herrliches Mitbringsel zum Osterbrunch.

Rote Paprika

Für ca. 8–9 Gläser à 200 ml (ca. 1700 ml) ◉ Haltbar: mind. 18 Monate

ca. 1,2 kg rote Paprikaschoten ◉ 1 Chilischote ◉ 1 kg Gelierzucker 1:1 ◉ Saft von 1 Zitrone ◉ 60 ml Balsamico

◉ Die gewaschenen Paprikaschoten halbieren, den Strunk, die Kernchen und die hellen Zwischenhäutchen entfernen. 1 kg Fruchtfleisch abwiegen und in kleine Würfel schneiden. Die Chilischote nach Geschmack entkernen und klein schneiden. Paprika und Chilischote mit den übrigen Zutaten in einem großen Topf vermischen. Die Mischung abgedeckt etwa 1 Stunde Saft ziehen lassen.

◉ Nach dieser Zeit den Topfinhalt unter gelegentlichem Rühren bei mittlerer Temperatur erwärmen, dann auf höchster Stufe unter ständigem Rühren zum Kochen bringen. Wenn das gesamte Kochgut unter Rühren kräftig sprudelt, weitere 4 Minuten sprudelnd kochen lassen und dabei immer gut rühren! Anschließend die Masse kurz mit dem Pürierstab bearbeiten, allerdings nicht so lange, bis ein formloser Brei entstanden ist. Dann die Gelierprobe machen.

◉ Nach erfolgreicher Gelierprobe die Marmelade sofort in die vorbereiteten, sterilisierten und heiß ausgespülten Gläser füllen. Mit den ebenfalls sterilisierten Deckeln verschließen und für etwa 5 Minuten kopfüber auf dem Deckel stehend ruhen lassen. Danach die Gläser wenden und vollständig abkühlen lassen.

TIPP: Diese ungewöhnliche Marmelade schmeckt klassisch auf dem Frühstücksbrötchen, aber auch köstlich zu gebratenem Ziegenkäse.

Rhabarber pur

Für ca. 8–9 Gläser à 200 ml (ca. 1700 ml) ◎ *Haltbar: mind. 18 Monate*

ca. 1,1 kg Rhabarberstangen ◎ 1 kg Gelierzucker 1:1 ◎ 1 EL frisch gepresster Zitronensaft

◎ Die Rhabarberstangen waschen, mit der Messerspitze unter die Schale stechen und in dünnen Fäden abziehen. 1 kg Rhabarber abwiegen und die Stangen in etwa 1 cm große Stücke schneiden. In einem großen Topf mit dem Gelierzucker und Zitronensaft mischen. Die Mischung 1 Stunde abgedeckt Saft ziehen lassen.

◎ Nach der Ziehzeit den Topfinhalt unter gelegentlichem Rühren bei mittlerer Temperatur erwärmen, dann auf höchster Stufe unter ständigem Rühren zum Kochen bringen. Wenn das gesamte Kochgut unter Rühren kräftig sprudelt, weitere 4 Minuten sprudelnd kochen lassen und dabei immer gut rühren! Anschließend die Gelierprobe machen und nach Bedarf abschäumen.

◎ Nach erfolgreicher Gelierprobe die Marmelade sofort in die vorbereiteten, sterilisierten und heiß ausgespülten Gläser füllen. Mit den ebenfalls sterilisierten Deckeln verschließen und für etwa 5 Minuten kopfüber auf dem Deckel stehend ruhen lassen. Danach die Gläser wenden und vollständig abkühlen lassen.

Rhabarber mit Himbeeren

Für ca. 8–9 Gläser à 200 ml (ca. 1700 ml) ◎ *Haltbar: mind. 18 Monate*

ca. 700 g Rhabarberstangen ◎ 400 g Himbeeren ◎ 1 kg Gelierzucker 1:1 ◎ Saft von 1 Zitrone

◎ Die Rhabarberstangen waschen, mit der Messerspitze unter die Schale stechen und in dünnen Fäden abziehen. 600 g Rhabarber abwiegen und in etwa 1 cm große Stücke schneiden. Die Himbeeren verlesen (aber nicht waschen), dabei eventuell Blütenreste, unreife oder überreife Beeren entfernen. Die Rhabarberstücke und Himbeeren in einen großen Topf geben. Dann den Gelierzucker und den Zitronensaft hinzufügen und die Zutaten vermischen. Die Mischung mindestens 1 Stunde abgedeckt Saft ziehen lassen.

◎ Nach dieser Zeit den Topfinhalt unter gelegentlichem Rühren bei mittlerer Temperatur erwärmen, dann auf höchster Stufe unter ständigem Rühren zum Kochen bringen. Wenn das gesamte Kochgut unter Rühren kräftig sprudelt, weitere 4 Minuten sprudelnd kochen lassen und dabei immer gut rühren! Anschließend die Gelierprobe machen und die Marmelade abschäumen.

◎ Nach erfolgreicher Gelierprobe die Marmelade sofort in die vorbereiteten, sterilisierten und heiß ausgespülten Gläser füllen. Mit den ebenfalls sterilisierten Deckeln verschließen und für etwa 5 Minuten kopfüber auf dem Deckel stehend ruhen lassen. Danach die Gläser wenden und vollständig abkühlen lassen.

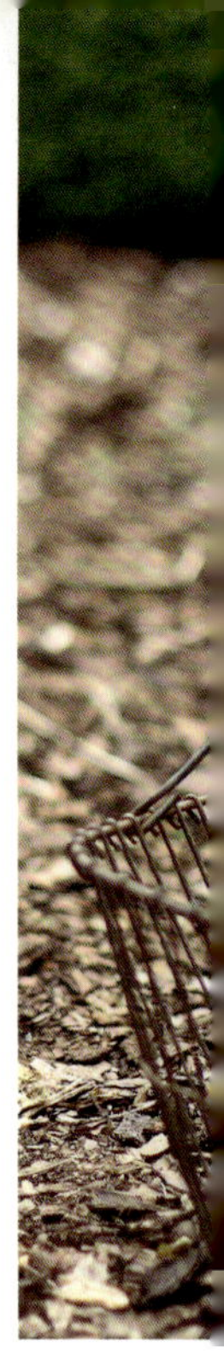

Rhabarber mit Grauburgunder

Die fruchtigen Noten des Weines brechen die sauren Noten des Rhabarbers und machen die Marmelade so sehr gefällig.

Für ca. 8–9 Gläser à 200 ml (ca. 1700 ml) ◎ Haltbar: mind. 18 Monate
ca. 750 g Rhabarberstangen ◎ 1 kg Gelierzucker 1:1 ◎ Saft von ½ Zitrone ◎ 230 ml Grauburgunder

◎ Die Rhabarberstangen waschen, mit der Messerspitze unter die Schale stechen und in dünnen Fäden abziehen. 660 g Rhabarber abwiegen und die Stangen in etwa 1 cm große Stücke schneiden. In einem großen Topf mit dem Zucker mischen. Mischung 1 Stunde abgedeckt Saft ziehen lassen.
◎ Nach der Ziehzeit den Zitronensaft und den Grauburgunder zufügen. Den Topfinhalt unter gelegentlichem Rühren bei mittlerer Temperatur erwärmen, dann auf höchster Stufe unter ständigem Rühren zum Kochen bringen. Wenn das gesamte Kochgut unter Rühren kräftig sprudelt, weitere 4 Minuten sprudelnd kochen lassen und dabei immer gut rühren! Anschließend die Gelierprobe machen und die Marmelade abschäumen.
◎ Nach erfolgreicher Gelierprobe die Marmelade sofort in die vorbereiteten, sterilisierten und heiß ausgespülten Gläser füllen. Mit den ebenfalls sterilisierten Deckeln verschließen und für etwa 5 Minuten kopfüber auf dem Deckel stehend ruhen lassen. Danach die Gläser wenden und vollständig abkühlen lassen.

TIPP: Statt des Grauburgunders können Sie natürlich auch Ihren Lieblingsweißwein verwenden.

Rhabarber mit Ingwer

Für ca. 8–9 Gläser à 200 ml (ca. 1700 ml) ◎ Haltbar: mind. 18 Monate
ca. 1,1 kg Rhabarber ◎ 60 g frischer Ingwer ◎ 1 kg Gelierzucker 1:1 ◎ Saft von ½ Zitrone

◎ Die Rhabarberstangen waschen, mit der Messerspitze unter die Schale stechen und in dünnen Fäden abziehen. 1 kg Rhabarber abwiegen und die Stangen in etwa 1 cm große Stücke schneiden. Den Ingwer schälen und in sehr feine Würfel schneiden. Die Rhabarber- und Ingwerstücke in einem großen Topf mit dem Gelierzucker und Zitronensaft mischen. Die Mischung 1 Stunde abgedeckt Saft ziehen lassen.
◎ Nach der Ziehzeit den Topfinhalt unter gelegentlichem Rühren bei mittlerer Temperatur erwärmen, dann auf höchster Stufe unter ständigem Rühren zum Kochen bringen. Wenn das gesamte Kochgut unter Rühren kräftig sprudelt, weitere 4 Minuten sprudelnd kochen lassen und dabei immer gut rühren! Anschließend die Gelierprobe machen und die Marmelade abschäumen.
◎ Nach erfolgreicher Gelierprobe die Marmelade sofort in die vorbereiteten, sterilisierten und heiß ausgespülten Gläser füllen. Mit den ebenfalls sterilisierten Deckeln verschließen und für etwa 5 Minuten kopfüber auf dem Deckel stehend ruhen lassen. Danach die Gläser wenden und vollständig abkühlen lassen.

TIPP: Wenn Sie es etwas feiner mögen, können Sie den Ingwer auch reiben.

Rhabarber mit Holunderblüte

Eine meiner Lieblingsmarmeladen im Frühjahr!

Für ca. 8–9 Gläser à 200 ml (ca. 1700 ml) ◎ *Haltbar: mind. 18 Monate*
ca. 750 g Rhabarberstangen ◎ 1 kg Gelierzucker 1:1 ◎ Saft von ½ Zitrone ◎
240 ml Holunderblütenaufguss (siehe Seite 183)

◎ Die Rhabarberstangen waschen, mit der Messerspitze unter die Schale stechen und in dünnen Fäden abziehen. 650 g Rhabarber abwiegen und die Stangen in etwa 1 cm große Stücke schneiden. In einem großen Topf mit dem Gelierzucker mischen. Die Mischung 1 Stunde abgedeckt Saft ziehen lassen.

◎ Nach der Ziehzeit den Zitronensaft und den Holunderblütenaufguss zufügen. Den Topfinhalt unter gelegentlichem Rühren bei mittlerer Temperatur erwärmen, dann auf höchster Stufe unter ständigem Rühren zum Kochen bringen. Wenn das gesamte Kochgut unter Rühren kräftig sprudelt, weitere 4 Minuten sprudelnd kochen lassen und dabei immer gut rühren! Anschließend die Gelierprobe machen und die Marmelade abschäumen.

◎ Nach erfolgreicher Gelierprobe die Marmelade sofort in die vorbereiteten, sterilisierten und heiß ausgespülten Gläser füllen. Mit den ebenfalls sterilisierten Deckeln verschließen und für etwa 5 Minuten kopfüber auf dem Deckel stehend ruhen lassen. Danach die Gläser wenden und vollständig abkühlen lassen.

TIPP: Dieses Rezept können Sie hervorragend durch Zugabe einer halben Vanilleschote abwandeln. Das Vanillearoma verträgt sich ganz wunderbar mit der feinen Säure des Rhabarbers und dem blumigen Geschmack der Holunderblüten. (Siehe Info zu »Quittengelee mit Vanille« Seite 73)

Rote Zwiebel

Für ca. 7 Gläser à 200 ml (ca. 1400 ml) ◎ *Haltbar: mind. 18 Monate*

1 kg rote Zwiebeln ◎ 600 g normaler Haushaltszucker ◎ 30 g Meersalz ◎ 5 Pimentkörner ◎ 2 Gewürznelken ◎ 1 flach gestrichener TL weiße Pfefferkörner ◎ 1 Msp. gemahlener Ceylon-Zimt ◎ 1 unbehandelte Zitrone ◎ 50 ml Balsamico ◎ 1 EL flüssiger Honig

◎ Die Zwiebeln abziehen und in etwa 8 x 8 mm große Würfel schneiden. Die Zwiebelwürfel in einem breiten Topf mit dem Zucker und Meersalz mischen. Die Mischung abgedeckt mindestens 2 Stunden Saft ziehen lassen.

◎ In der Zwischenzeit die groben Gewürze kurz mörsern oder mit einem kleinen Topf auf dem Schneidbrett zerdrücken, in einen Teebeutel füllen und zugebunden zur Seite legen. Die Zitrone heiß waschen und abtrocknen, mit einer feinen Reibe die Haut dünn abreiben, den Saft auspressen. Den Schalenabrieb mit etwas von dem Saft mischen und zur Seite stellen.

◎ Nach der Ziehzeit den Balsamico und den restlichen Zitronensaft zu den Zwiebeln geben. Den Topfinhalt langsam erhitzen, dann unter gelegentlichem Rühren etwa 45 Minuten köcheln lassen und dabei die Flüssigkeit reduzieren. Nach 10 Minuten Kochzeit den Gewürzbeutel und den Zimt dazugeben und mitkochen. Achtung: Je weniger Flüssigkeit in der Masse übrig ist, umso mehr müssen Sie rühren!

◎ Wenn die Zwiebelmasse eine marmeladenähnliche Konsistenz angenommen hat, den Gewürzbeutel entfernen, den Honig und die abgeriebene Zitronenschale samt Saft zugeben und noch 1 Minute köcheln lassen.

◎ Die heiße Zwiebelmarmelade in die vorbereiteten, sterilisierten und heiß ausgespülten Gläser füllen. Mit den ebenfalls sterilisierten Deckeln verschließen und für etwa 5 Minuten kopfüber auf dem Deckel stehend ruhen lassen. Danach die Gläser wenden und vollständig abkühlen lassen.

TIPPS: Diese ungewöhnliche Marmelade schmeckt köstlich zu Grillgerichten und zu Steaks und wird mit etwas Bauerbrot ein raffinierter Begleiter zu Käse und Wein.

Wenn Sie die Zwiebelmarmelade erst 3 Wochen stehen lassen, bevor Sie sie verwenden, schmeckt sie noch besser als frisch! Und wer es etwas schärfer mag, darf sie gerne um eine Chilischote ergänzen.

Zucchini mit Apfel

Für ca. 8–9 Gläser à 200 ml (ca. 1700 ml) ◎ *Haltbar: mind. 18 Monate*

500 g Zucchini ◎ ca. 650 g säuerliche Äpfel ◎ 1 kg Gelierzucker 1:1 ◎ Saft von 1 Zitrone ◎ 1 Msp. gemahlener Ceylon-Zimt

◎ Die Zucchini waschen und fein reiben. Die Äpfel schälen, entkernen, 500 g Fruchtfleisch abwiegen und ebenfalls fein reiben. Zucchini und Äpfel mit den restlichen Zutaten in einem Topf mischen. Die Mischung abgedeckt etwa 1 Stunde Saft ziehen lassen.

◎ Nach dieser Zeit den Topfinhalt unter gelegentlichem Rühren bei mittlerer Temperatur erwärmen, dann auf höchster Stufe unter ständigem Rühren zum Kochen bringen. Wenn das gesamte Kochgut unter Rühren kräftig sprudelt, weitere 4 Minuten sprudelnd kochen lassen und dabei immer gut rühren! Anschließend die Gelierprobe machen.

◎ Nach erfolgreicher Gelierprobe die Masse mit dem Pürierstab noch etwas feiner zerkleinern. Dann noch einmal kurz aufwallen lassen und sofort in die vorbereiteten, sterilisierten und heiß ausgespülten Gläser füllen. Mit den ebenfalls sterilisierten Deckeln verschließen und für etwa 5 Minuten kopfüber auf dem Deckel stehend ruhen lassen. Danach die Gläser wenden und vollständig abkühlen lassen.

TIPP: Ob Sie lieber gelbe oder grüne Zucchini verwenden, ist Geschmackssache. Wenn Sie gelbe Zucchini verarbeiten, können Sie sie gut mit ungeschälten rotschaligen Äpfeln kombinieren – mit grünen ergibt die Kombi allerdings keine schöne Farbe.

Grüne Tomate

Für ca. 8–9 Gläser à 200 ml (ca. 1700 ml) ◎ *Haltbar: mind. 18 Monate*

1 kg grüne Tomaten (unreife) ◎ 1 kg Gelierzucker 1:1 ◎ Saft und Abrieb von 1 unbehandelten Zitrone ◎ ½ TL gemahlener Ceylon-Zimt

◎ Den Strunk aus den Tomaten entfernen und das Fruchtfleisch in grobe Würfel schneiden. Die Tomaten mit den übrigen Zutaten in einem großen Topf mischen. Die Mischung abgedeckt 1 Stunde lang Saft ziehen lassen.

◎ Nach der Ziehzeit den Topfinhalt unter gelegentlichem Rühren bei mittlerer Temperatur erwärmen, dann auf höchster Stufe unter ständigem Rühren zum Kochen bringen. Wenn das gesamte Kochgut unter Rühren kräftig sprudelt, weitere 4 Minuten sprudelnd kochen lassen und dabei immer gut rühren! Anschließend die Gelierprobe machen.

◎ Nach erfolgreicher Gelierprobe die Masse mit dem Pürierstab noch etwas feiner zerkleinern, sie sollte aber Struktur behalten. Dann noch einmal kurz aufwallen lassen und sofort in die vorbereiteten, sterilisierten und heiß ausgespülten Gläser füllen. Mit den ebenfalls sterilisierten Deckeln verschließen und für etwa 5 Minuten kopfüber auf dem Deckel stehend ruhen lassen. Danach die Gläser wenden und vollständig abkühlen lassen.

TIPP: Diese ungewöhnliche Marmelade ist ein toller Begleiter zu gebratenem Geflügel, zu kaltem Braten oder im Salatdressing, aber sie schmeckt tatsächlich auch auf dem Frühstücksbrötchen.
Wer es etwas schärfer mag, darf das Rezept gerne um eine Chilischote ergänzen – oder auch zwei. Und ja, auch wir wissen, dass in unreifen Tomaten das giftige Alkaloid Solanin enthalten ist, also essen Sie nicht alles auf einmal.

Tomate mit Basilikum

Für ca. 8–9 Gläser à 200 ml (ca. 1700 ml) ◎ *Haltbar: mind. 18 Monate*
ca. 1,4 kg rote Tomaten ◎ 1 kg Gelierzucker 1:1 ◎ Saft von 1 Zitrone ◎
½ Bund Basilikum

◎ Den Strunk der Tomaten entfernen und die Tomaten häuten. Dafür die Tomaten über Kreuz einritzen, kurz in kochendes Wasser tauchen und dann in eiskaltem Wasser abschrecken, dann löst sich die dünne Haut fast von selbst. Die gehäuteten Tomaten vierteln und das Kerngehäuse entfernen. 1 kg Fruchtfleisch abwiegen und in 1 x 1 cm große Würfel schneiden.

◎ Tomatenwürfel, Gelierzucker und den Zitronensaft in einem großen Topf mischen. Die Mischung abgedeckt mindestens 1 Stunde Saft ziehen lassen.

◎ In der Zwischenzeit das Basilikum waschen und trocken schütteln, die Blätter von den Stielen zupfen und klein schneiden. Die Stiele zusammenbinden und zu den Tomaten geben.

◎ Nach der Ziehzeit den Topfinhalt unter gelegentlichem Rühren bei mittlerer Temperatur erwärmen, dann auf höchster Stufe unter ständigem Rühren zum Kochen bringen. Wenn das gesamte Kochgut unter Rühren kräftig sprudelt, weitere 4 Minuten sprudelnd kochen lassen und dabei immer gut rühren! Anschließend die Basilikumstängel entfernen und die Gelierprobe machen.

◎ Nach erfolgreicher Gelierprobe die Masse mit dem Pürierstab noch etwas feiner zerkleinern, sie sollte aber Struktur behalten. Dann die Marmelade noch einmal kurz aufwallen lassen, erst danach das zerkleinerte Basilikum unterziehen.

◎ Die heiße Marmelade sofort in die vorbereiteten, sterilisierten und heiß ausgespülten Gläser füllen. Mit den ebenfalls sterilisierten Deckeln verschließen und für etwa 5 Minuten kopfüber auf dem Deckel stehend ruhen lassen. Danach die Gläser wenden und vollständig abkühlen lassen.

TIPP: Schmeckt köstlich auf geröstetem Bauernbrot und passt hervorragend zu Käse.

Bier und Wein

Apfelweingelee

Für ca. 7 Gläser à 200 ml (ca. 1400 ml) ◎ Haltbar: mind. 18 Monate
700 ml Apfelwein ◎ 1 kg Gelierzucker 1:1 ◎ 1 EL frisch gepresster Zitronensaft

◎ Apfelwein, Gelierzucker und Zitronensaft in einem großen Topf mischen. Die Mischung unter gelegentlichem Rühren bei mittlerer Temperatur erwärmen, dann auf höchster Stufe unter ständigem Rühren zum Kochen bringen. Wenn das gesamte Kochgut unter Rühren kräftig sprudelt, weitere 4 Minuten sprudelnd kochen lassen und dabei immer rühren! Anschließend die Gelierprobe machen und nach Bedarf abschäumen.

◎ Nach erfolgreicher Gelierprobe das Gelee sofort in die vorbereiteten, sterilisierten und heiß ausgespülten Gläser füllen. Mit den ebenfalls sterilisierten Deckeln verschließen und für etwa 5 Minuten kopfüber auf dem Deckel stehend ruhen lassen. Danach die Gläser wenden und vollständig abkühlen lassen.

TIPPS: Ich verwende am liebsten den fruchtigen, ungeschwefelten Apfelwein von den Keltereien der näheren Umgebung. Je nach Sorte bekommen Sie Gelees mit unterschiedlichem Geschmack.

Wenn Sie es wieder einmal besonders gut mit sich oder einem lieben Menschen meinen, geben Sie nach der Gelierprobe noch zusätzlich 50 g »Apfeltau« zum Gelee – Sie werden begeistert sein! Apfeltau ist eine Eisdestillat aus Apfelwein mit 21 Vol.-%, das es in drei unterschiedlichen Geschmacksvarianten gibt.

Hessen-Flirt

(Apfelwein mit Aprikosen)

Für ca. 7 Gläser à 200 ml (ca. 1400 ml) ◎ Haltbar: mind. 18 Monate
ca. 300 g reife Aprikosen ◎ 500 ml Apfelwein ◎ 1 kg Gelierzucker 1:1 ◎
1 EL frisch gepresster Zitronensaft

◎ Die reifen Aprikosen waschen, entkernen, 250 g Früchte abwiegen und in kleine Würfel schneiden. Die Früchte mit den übrigen Zutaten in einem großen Topf mischen. Die Mischung unter gelegentlichem Rühren bei mittlerer Temperatur erwärmen, dann auf höchster Stufe unter ständigem Rühren zum Kochen bringen. Wenn das gesamte Kochgut unter Rühren kräftig sprudelt, weitere 4 Minuten sprudelnd kochen lassen und dabei immer gut rühren! Anschließend die Gelierprobe machen und abschäumen.

◎ Nach erfolgreicher Gelierprobe die Marmelade sofort in die vorbereiteten, sterilisierten und heiß ausgespülten Gläser füllen. Mit den ebenfalls sterilisierten Deckeln verschließen und für etwa 5 Minuten kopfüber auf dem Deckel stehend ruhen lassen. Danach die Gläser wenden und vollständig abkühlen lassen.

Apfelwein mit Erdbeeren

Für ca. 7 Gläser à 200 ml (ca. 1400 ml) ◎ *Haltbar: mind. 18 Monate*
250 g reife Erdbeeren ◎ 500 ml Apfelwein ◎ 1 kg Gelierzucker 1:1 ◎
1 EL frisch gepresster Zitronensaft

◎ Die Erdbeeren kurz (!) waschen, putzen und je nach Größe halbieren. Die Erdbeeren mit dem Apfelwein, dem Gelierzucker und dem Zitronensaft in einem großen Topf mischen. Die Mischung unter gelegentlichem Rühren bei mittlerer Temperatur erwärmen, dann auf höchster Stufe unter ständigem Rühren zum Kochen bringen. Wenn das gesamte Kochgut unter Rühren kräftig sprudelt, weitere 4 Minuten sprudelnd kochen lassen und dabei immer gut rühren! Anschließend die Gelierprobe machen und abschäumen.

◎ Nach erfolgreicher Gelierprobe die Marmelade sofort in die vorbereiteten, sterilisierten und heiß ausgespülten Gläser füllen. Mit den ebenfalls sterilisierten Deckeln verschließen und für etwa 5 Minuten kopfüber auf dem Deckel stehend ruhen lassen. Danach die Gläser wenden und vollständig abkühlen lassen.

Biergelee

Für ca. 7 Gläser à 200 ml (ca. 1400 ml) ◎ Haltbar: mind. 18 Monate

1 l Bier ◎ 600 g normaler Haushaltszucker ◎ 6 g Agar-Agar ◎ (kein Zitronensaft)

◎ Das Bier in einen großen Topf gießen. Den Zucker und das Agar-Agar vermengen und zum Bier in den Topf geben.

◎ Den Topfinhalt unter gelegentlichem Rühren bei mittlerer Temperatur erwärmen, dann auf höchster Stufe unter ständigem Rühren zum Kochen bringen. Wenn das gesamte Kochgut unter Rühren kräftig sprudelt, weitere 3 Minuten sprudelnd kochen lassen und dabei immer gut rühren! Anschließend die Gelierprobe machen.

◎ Nach erfolgreicher Gelierprobe das Gelee sofort in die vorbereiteten, sterilisierten und heiß ausgespülten Gläser füllen. Mit den ebenfalls sterilisierten Deckeln verschließen und für etwa 5 Minuten kopfüber auf dem Deckel stehend ruhen lassen. Danach die Gläser wenden und vollständig abkühlen lassen.

TIPPS: Ob Sie ein Pils, ein Schwarzbier, einen Doppelbock oder ein Weihnachts-Bockbier verwenden, ist Geschmackssache.

Das Gelee passt super zu kräftigem Brot, zu Schinken, Leberwurst und Käse!

INFO: Wir verwenden für die Herstellung des Biergelees Agar-Agar und Haushaltszucker, da Agar-Agar auch ohne Zitronensaft geliert, der dem Gelee eine unerwünschte Radler-Note geben würde. Das Biergelee bekommt durch Agar-Agar zwar eine andere Textur als ein typisches, mit Pektin hergestelltes Fruchtgelee, aber das ist in diesem Fall gewollt. Agar-Agar ist ein pflanzliches Geliermittel, das aus Algen gewonnen wird. Erschrecken Sie nicht über den leichten Fischgeruch – der ist nach dem Kochen verschwunden.

Rotes Glühweingelee

Für ca. 7 Gläser à 200 ml (ca. 1400 ml) ◎ *Haltbar: mind. 18 Monate*

1 Zimtstange ◎ 3 Gewürznelken ◎ 7 Pimentkörner ◎ 1 Sternanis ◎ 1 unbehandelte Zitrone ◎ 1 unbehandelte Orange ◎ 700 ml Rotwein ◎ 1 kg Gelierzucker 1:1

◎ Die Gewürze in einen Teebeutel füllen und zugebunden zur Seite legen. Die Zitrone und Orange heiß waschen und abtrocknen. Von beiden Zitrusfrüchten die Haut dünn abschälen, ohne dabei die weiße Unterhaut mit abzuschneiden. Den Saft der Zitrone auspressen. Den Rotwein mit dem Gewürzbeutel, dem Zitronensaft und allen Schalenteilen langsam erhitzen und 10 Minuten simmern lassen. Anschließend abgedeckt zur Seite stellen und wieder abkühlen lassen.

◎ Den kalten Gewürzwein durch ein Sieb in einen Topf gießen und mit dem Gelierzucker mischen. Die Mischung unter gelegentlichem Rühren bei mittlerer Temperatur erwärmen, dann auf höchster Stufe unter ständigem Rühren zum Kochen bringen. Wenn das gesamte Kochgut unter Rühren kräftig sprudelt, weitere 2 Minuten sprudelnd kochen lassen und dabei immer rühren! Anschließend die Gelierprobe machen und nach Bedarf abschäumen.

◎ Nach erfolgreicher Gelierprobe das Gelee sofort in die vorbereiteten, sterilisierten und heiß ausgespülten Gläser füllen. Mit den ebenfalls sterilisierten Deckeln verschließen und für etwa 5 Minuten kopfüber auf dem Deckel stehend ruhen lassen. Dann die Gläser wenden und vollständig abkühlen lassen.

TIPPS: Eine besonders intensive Farbe erhalten Sie, wenn Sie das Gelee mit einem Dornfelder Rotwein herstellen. Aber vielleicht ist ja Ihr Lieblings-Rotwein aus einer ganz anderen Rebsorte gekeltert.

Und wer sagt überhaupt, dass ein Glühwein rot sein muss?! Probieren Sie das Gelee doch einmal mit einem Weißwein.

Gewürztraminergelee

Ich verwende gerne die Weine dieser Rebsorte, weil der Gewürztraminer zwar säurearm ist, sich aber durch sehr intensive Aromen auszeichnet. Aber es gilt: Aus Ihrem Lieblingswein kann auch Ihr Lieblingswein-Gelee werden.

Für ca. 7 Gläser à 200 ml (ca. 1400 ml) ◎ *Haltbar: mind. 18 Monate*
700 ml Gewürztraminer ◎ 1 kg Gelierzucker 1:1 ◎ Saft von 1 Zitrone

◎ Gewürztraminer, Gelierzucker und Zitronensaft in einem großen Topf mischen. Die Mischung unter gelegentlichem Rühren bei mittlerer Temperatur erwärmen, dann auf höchster Stufe unter ständigem Rühren zum Kochen bringen. Wenn das gesamte Kochgut unter Rühren kräftig sprudelt, weitere 2 Minuten sprudelnd kochen lassen und dabei immer rühren! Anschließend die Gelierprobe machen und nach Bedarf abschäumen.
◎ Nach erfolgreicher Gelierprobe das Gelee sofort in die vorbereiteten, sterilisierten und heiß ausgespülten Gläser füllen. Mit den ebenfalls sterilisierten Deckeln verschließen und für etwa 5 Minuten kopfüber auf dem Deckel stehend ruhen lassen. Dann die Gläser wenden und vollständig abkühlen lassen.

TIPPS: Das Gewürztraminergelee passt wunderbar zu Weißschimmelkäse, wie Brie und Camembert.

Säfte

Apfelsaft

Für 1 l Saft
ca. 1,8 kg Äpfel

- Sie können die Äpfel selbst zerkleinern und auspressen, oder, wenn Sie größere Mengen Äpfel haben, sich die Früchte in einer Kelterei pressen lassen.
- Alternativ zu selbst gepresstem Saft besorgen Sie sich den kelterfrischen Apfelsaft direkt auf Ihrem lokalen Wochenmarkt.
- Nach dem Pressen ist der Apfelsaft immer naturtrüb, d. h. fruchtfleischhaltig. Erst durch das Zentrifugieren und Filtern erhält man klaren Apfelsaft.
- Je nach den eigenen Vorlieben kann man den naturtrüben oder klaren Apfelsaft zur Gelee-Herstellung verwenden.

Himbeersaft

- Himbeersaft können Sie im Dampfentsafter leicht selbst herstellen.
- Dafür die Himbeeren verlesen, eventuell Blütenreste, Blätter und über- oder unreife Früchte entfernen. Die Beeren nicht waschen und in den Dampfeinsatz des Dampfentsafters geben. Den Untersatz mit Wasser füllen, den Saftauffangteil und den Dampfeinsatz mit Deckel aufsetzen und nach Herstellerangabe 30–40 Minuten sprudelnd kochen lassen. Durch den aufsteigenden heißen Dampf platzen die Beerenzellen auf, und der Saft sammelt sich im Saftauffangteil.
- Wichtig: Nach der Kochzeit die Beerenreste noch mindestens 20–30 Minuten im Dampfeinsatz liegen lassen – in der Zeit tropft noch einiges an Saft nach.
- Der so hergestellte Saft ist sehr klar und lässt sich, wenn er heiß in sterile Flaschen abgefüllt wird, wunderbar bevorraten.

Holunderbeerensaft

Für 500 ml
1 kg Holunderbeerendolden

◎ Die gesammelten Dolden nach und nach in ein großes, mit Wasser gefülltes Behältnis geben (ich nehme dazu einen 10-l-Eimer). Dabei immer mehrere Dolden lose, ohne Druck auf die Beeren auszuüben, zwischen den Händen reiben. Dabei lösen sich die reifen Beeren von den Stielen und sinken auf den Boden des Gefäßes. Das Großartige ist, dass unreife Beeren, die sich dabei von den Stielen lösen, an die Wasseroberfläche aufsteigen und dort leicht abgesammelt werden können. Wenn alle Beeren von den Dolden abgelöst sind, das Wasser vorsichtig abgießen und die Beeren in ein Sieb schütten – die glänzende Menge der Holunderbeeren erinnert mich dann immer an eine große Dose Kaviar.

Zubereitung im Dampfentsafter

◎ Jetzt die Beeren in den Dampfeinsatz des Dampfentsafters geben. Den Untersatz mit Wasser füllen, den Saftauffangteil und den Dampfeinsatz mit Deckel aufsetzen und nach Herstellerangabe 30–40 Minuten sprudelnd kochen lassen. Durch den aufsteigenden heißen Dampf platzen die Beerenzellen auf, und der Saft sammelt sich im Saftauffangteil.
◎ Wichtig: Nach der Kochzeit die Beerenreste noch mindestens 20–30 Minuten im Dampfeinsatz liegen lassen – in der Zeit tropft noch einiges an Saft nach.
◎ Der so hergestellte Saft ist sehr klar und lässt sich, wenn er heiß in sterile Flaschen abgefüllt wird, wunderbar bevorraten.

Zubereitung im Topf

◎ Alternativ die Beeren in einem Topf mit etwa 100 ml Wasser langsam aufkochen. Dabei darauf achten, dass die Masse nicht überkocht! Gelegentlich vorsichtig umrühren und die Beeren etwa 10 Minuten im eigenen Saft köcheln lassen.
◎ Die heiße Holunderbeerenmasse in ein mit einem alten Geschirrtuch ausgelegtes Sieb gießen und den Saft auffangen. Um die Saftausbeute zu erhöhen, können Sie gerne mit einer Schaumkelle die Masse noch etwas ausdrücken. Oder die gegarten, noch heißen Beeren samt dem entstandenen Saft durch ein feines Sieb in einen zweiten Topf passieren. Auf diese Weise erhalten Sie nicht nur den Holundersaft, sondern auch einen großen Teil des sehr aromatischen Holundermarks.
◎ Der so gewonnene Basissaft kann nun zu feinem Gelee weiterverarbeitet werden.

TIPP: Holundersaft lässt sich auch gut auf Vorrat herstellen. Dafür den puren Holundersaft kochend heiß in sterile Flaschen abfüllen und sofort mit sterilen Deckeln verschließen. Der Saft hält sich so mindestens 18 Monate und kann je nach Bedarf zu leckerem Gelee verarbeitet werden.

INFO: Im Herbst, wenn die schwarzen Holunderbeeren reif sind, geht es ans Sammeln. Die Beeren erst pflücken, wenn sie vollständig schwarz sind. Jene Dolden, an denen neben den schwarzen auch grüne und rote Beeren wachsen, brauchen einfach noch einige Tage am Strauch. Daher nur die Dolden ernten, die gleichmäßig durchgereift sind.

Holunderblütenaufguss

Dieser Saft ist Bestandteil vieler meiner Marmeladen und Gelees.

15–20 Blütendolden pro 1 Liter Wasser ◎ 2 unbehandelte Zitronen ◎ 5 g Zitronensäure

◎ Das Wasser zum Kochen bringen.
◎ In der Zwischenzeit mit einer Schere die Holunderblüten von den dicken Stängeln der Dolden abschneiden und in einem Topf sammeln. Wichtig: die Blüten vor dem Verarbeiten nicht (!) waschen.
◎ Die Zitronen heiß waschen und mitsamt der Schale in Scheiben schneiden. Diese zusammen mit der Zitronensäure zu den Holunderblüten geben und mit dem kochenden Wasser übergießen.
◎ Diesen Aufguss abgedeckt erkalten und an einem kühlen Ort 2–3 Tage ziehen lassen, dabei täglich mindestens einmal umrühren.
◎ Den Aufguss anschließend durch ein Sieb gießen und dabei die Flüssigkeit auffangen. Die Blüten und Zitronenscheiben kräftig ausdrücken, um auch ja alle flüssigen Bestandteile für den Holunderblütenaufguss zu erhalten.

INFO: Für den Holunderblütenaufguss benötigen Sie voll aufgeblühte Holunderblütendolden. Die Blütendolden sammeln Sie am besten, wenn es einige Tage lang trocken war, damit der duftende Blütenstaub noch auf den Blüten sitzt und nicht vom Regen abgewaschen wurde. Achten Sie schon beim Sammeln darauf, dass Sie nur »saubere« Dolden pflücken – die, auf denen sich schon Läuse oder andere Insekten wohlfühlen, wollen Sie schließlich nicht verarbeiten.

TIPP: Wenn Sie den so gewonnenen Saft noch einmal aufkochen und heiß in sterilisierte Flaschen abfüllen, ist er über Monate haltbar, solange die Flaschen verschlossen sind.
Wenn Sie Saft im Verhältnis 1:1 mit normalem Haushaltszucker aufkochen, erhalten Sie einen köstlichen Holunderblütensirup, der mit viel Wasser – oder Prosecco – gemischt, eine herrliche Erfrischung im Sommer ist. Ich sage nur: »Hugo« oder »Inge«.

Johannisbeersaft

Für 1 l Saft

1,4 kg frische rote oder schwarze Johannisbeeren

- Johannisbeersaft können Sie im Dampfentsafter leicht selbst herstellen:
- Dafür die Johannisbeeren verlesen, eventuell Blütenreste, Blätter und über- oder unreife Früchte entfernen. Die Beeren in den Dampfeinsatz des Dampfentsafters geben. Den Untersatz mit Wasser füllen, den Saftauffangteil und den Dampfeinsatz mit Deckel aufsetzen und nach Herstellerangabe 30–40 Minuten sprudelnd kochen lassen. Durch den aufsteigenden heißen Dampf platzen die Beerenzellen auf, und der Saft sammelt sich im Saftauffangteil.
- Wichtig: Nach der Kochzeit die Beerenreste noch mindestens 20–30 Minuten im Dampfeinsatz liegen lassen – in der Zeit tropft noch einiges an Saft nach.
- Der so hergestellte Saft ist sehr klar und lässt sich, wenn er heiß in sterile Flaschen abgefüllt wird, wunderbar bevorraten.

Quittensaft

Quittengelee ist mit Abstand das aufwendigste Gelee, das ich herstelle, aber dafür ist es dann auch unübertroffen lecker!

Für 1,1–1,3 l Saft
ca. 2,2 kg Quitten

- Die reifen, goldgelben Quitten mit einem trockenen Tuch abreiben und damit den Flaum entfernen, der die Quitten umgibt.
- Die Quitten halbieren und den Blütenansatz entfernen. Die Hälften mit der Schnittfläche auf ein Brett legen und zuerst längs in drei bis vier Streifen schneiden, dann diese mitsamt dem Kerngehäuse in dünne Scheiben schneiden.
- Einen Schnellkochtopf mit Dampfeinsatz mit 500 ml Wasser füllen und die Quittenstücke in den Dampfeinsatz setzen. Den Dichtungsring und das Ventil noch einmal prüfen, dann den Topf damit fest verschließen. Auf höchster Kochstufe zum Kochen bringen. Überlassen Sie den Schnellkochtopf dabei niemals sich selbst!
- Sobald das Ventil die zweite Markierung erreicht hat, die Temperatur so weit reduzieren, dass das Ventil zwar dort bleibt, die Temperatur im Topf aber nicht zu hoch wird!
- Nach 15 Minuten ist der Kochvorgang abgeschlossen. Den Topf nun von der Kochstelle nehmen und stehen lassen. Nicht abdampfen, sondern geduldig warten, bis sich der Druck im Topf allein zurückgebildet hat. (Was daran zu erkennen ist, dass sich das Druckventil wieder völlig in den Deckel zurückgezogen hat.)
- Den heißen Topfinhalt vorsichtig in ein feines Sieb, das mit einem feuchten Passiertuch ausgelegt ist, abschütten. Die Masse abtropfen lassen und den Saft dabei auffangen.
- Der rotgoldene, köstlich duftende Quittensaft verleiht Quittengelee seine unvergleichliche Farbe und den herrlich intensiven Geschmack.
- Das übrige Fruchtfleisch kann anschließend zusätzlich durch die Flotte Lotte gedreht werden und eignet sich als Beigabe für andere Marmeladen hervorragend.

TIPP: Auf dem Markt werde ich oft gefragt, was ich denn »zusätzlich« in meinem rotgoldenen Quittengelee verkoche. Die Farbe kommt nur von der Frucht beim Entsaften mit Hitze und Druck! Diese Art der Quittensaft-Herstellung habe ich auch schon im Fernsehen bei HALLO HESSEN live gezeigt. Ich freue mich immer wieder, wenn mir Menschen berichten, dass ihr Quittengelee, nach meinem Rezept gekocht, nun auch so eine tolle Farbe hat.

Kornelkirschsaft

Für 1 l Saft
ca. 1,8 kg Kornelkirschen

- Die Früchte waschen und in den Dampfeinsatz des Dampfentsafters geben. Den Untersatz mit Wasser füllen, den Saftauffangteil und den Dampfeinsatz mit Deckel aufsetzen und nach Herstellerangabe 30–40 Minuten sprudelnd kochen lassen. Durch den aufsteigenden heißen Dampf platzen die Beerenzellen auf, und der Saft sammelt sich im Saftauffangteil.
- Wichtig: Nach der Kochzeit die Beerenreste noch mindestens 20–30 Minuten im Dampfeinsatz liegen lassen – in der Zeit tropft noch einiges an Saft nach.
- Die im Dampfeinsatz verbleibenden Reste können Sie durch die grobe Scheibe der Flotten Lotte drehen und das entstandene Mus mit Apfelsaft verdünnt als Basis für eine herbe Sauce zu Wildgerichten verwenden.

Schlehensaft

Schlehensaft herzustellen ist nicht ganz ohne.

Für 500 ml Saft
ca. 500 g Schlehen

- Die Früchte waschen und verlesen und in einem großen Topf gerade mit 700 ml Wasser bedecken. Langsam erhitzen und zum Kochen bringen. Dann etwa 10 Minuten köcheln lassen und anschließend abgedeckt erkalten lassen. Diesen Vorgang noch zwei Mal wiederholen.
- Nach dem Kochen den Saft durch ein feines Sieb in einen Topf abgießen.

INFO: Die Schlehen, den Pflaumen verwandte Wildfrüchte, haben fiese Dornen! Die blauschwarzen Schlehenfrüchte am besten erst nach dem ersten Frost pflücken, weil sie durch die Kälteeinwirkung milder und aromatischer im Geschmack werden. Alternativ die gepflückten Früchte für 2–3 Tage in den Tiefkühler stecken, damit sie dort den typisch süßlich-herb-säuerlichen Geschmack entwickeln.
Ohne Frosteinwirkung schmecken die Früchte der Schlehe einfach nur bitter und sehr sauer und hinterlassen im Mund und auf der Zunge ein eher unangenehmes, pelziges Gefühl.

Traubensaft

Für 1 l Traubensaft
ca. 1,5 kg Trauben

Zubereitung im Dampfentsafter

- Die Trauben waschen und die Beeren von den Stielen zupfen. In den Dampfeinsatz des Dampfentsafters geben, den Untersatz mit Wasser füllen, den Saftauffangteil und den Dampfeinsatz mit Deckel aufsetzen und nach Herstellerangabe 30–40 Minuten sprudelnd kochen lassen. Durch den aufsteigenden heißen Dampf platzen die Trauben auf, und der Saft sammelt sich im Saftauffangteil.
- Wichtig: Nach der Kochzeit die Beerenreste noch mindestens 20–30 Minuten im Dampfeinsatz liegen lassen – in der Zeit tropft noch einiges an Saft nach.
- Der so hergestellte Saft ist sehr klar und lässt sich, wenn er heiß in sterile Flaschen abgefüllt wird, wunderbar bevorraten.

Zubereitung im Kochtopf

- Die Trauben waschen und von den Stielen pflücken. In einen Topf mit wenig Wasser geben, gerade so viel, dass der Topfboden gut bedeckt ist, und abgedeckt langsam erhitzen. Gelegentlich vorsichtig umrühren und darauf achten, dass die Masse nicht überkocht – was sie übrigens gerne tut – also lieber einen größeren Topf wählen …
- Wenn die Trauben schließlich im eigenen Saft kochen, den Deckel abnehmen und die Masse offen noch 2–3 Minuten köcheln lassen. Die noch heiße Traubenmasse samt entstandenem Saft in ein Sieb abgießen und abtropfen lassen. Der auf diese Weise entstandene Saft ist zwar nicht klar, aber geschmacklich seeeeeehr viel intensiver, als der, den Sie mit dem Dampfentsafter herstellen.

TIPP: Ob Sie lieber weiße oder blaue Trauben verarbeiten, ist gänzlich Ihnen überlassen.

Register

Über den Autor

Andreas Buhl hat sich mit Leidenschaft dem Marmeladenmachen verschrieben. In Hainburg wuchs aus der Faszination für Küche und Garten seine Manufaktur »Der Marmeladenladen«, in der er seine selbst gemachten süßen Aufstriche verkauft. Als Experte für das Einkochen von Früchten und Obst ist er regelmäßiger Gast im hessischen Fernsehen.

Über den Fotografen

Lucas Guizo ist gebürtiger Brasilianer. Schon in seiner Studienzeit interessierte er sich für die Themen Kochen und Food. Später wanderte er nach Schottland aus, lebte in Glasgow und machte sich als Foodfotograf selbstständig. Heute wohnt und arbeitet er in London.

Impressum

Produktmanagement: Stefanie Gückstock
Redaktion: Susann Kreihe
Korrektorat: Susanne Langer-Joffroy
Layout: Silke Schüler
Umschlaggestaltung: Regina Degenkolbe
Repro: LUDWIG:media
Herstellung: Julia Hegele
Printed in Türkiye by Elma
Texte und Rezepte: Andreas Buhl
Fotografie: siehe Bildnachweis Seite 192

Unser komplettes Programm finden Sie unter
www.christian-verlag.de

Alle Angaben dieses Werkes wurden vom Autor sorgfältig recherchiert und auf den neuesten Stand gebracht sowie vom Verlag geprüft. Für die Richtigkeit der Angaben kann jedoch keine Haftung übernommen werden, weshalb die Nutzung auf eigene Gefahr erfolgt. Sollte dieses Werk Links auf Webseiten Dritter enthalten, so machen wir uns die Inhalte nicht zu eigen und übernehmen für die Inhalte keine Haftung.
In diesem Buch wird aus Gründen der besseren Lesbarkeit das generische Maskulinum verwendet. Weibliche und anderweitige Geschlechteridentitäten werden dabei ausdrücklich mitgemeint, soweit es für die Aussage erforderlich ist.

Die Deutsche Nationalbibliothek verzeichnet diese Publikation in der Deutschen Nationalbibliografie; detaillierte bibliografische Daten sind im Internet über http://dnb.d-nb.de abrufbar.

Infanteriestraße 11a
80797 München

ISBN 978-3-95961-800-7

★★★★★

Sind Sie mit diesem Titel zufrieden? Dann würden wir uns über Ihre Weiterempfehlung freuen. Erzählen Sie es im Freundeskreis, berichten Sie Ihrem Buchhändler oder bewerten Sie bei Onlinekauf. Und wenn Sie Kritik, Korrekturen, Aktualisierungen haben, freuen wir uns über Ihre Nachricht an Christian Verlag, Postfach 40 02 09, D-80702 München oder per E-Mail an lektorat@verlagshaus.de.

FSC www.fsc.org
MIX
Aus vorbildlich bewirtschafteten Wäldern
FSC® C164814

Einfach nachhaltig
Nachhaltigkeit ist uns wichtig! Mit diesem Buch unterstützen Sie eine ökologische Produktion. Wir verwenden FSC-zertifizierte Papiere, drucken mit mineralölfreien Druckfarben, verzichten auf das Einschweißen in Plastikfolie und achten auf kurze Transportwege.

Bildnachweis

Alle Bilder des Innenteils und auf dem Umschlag stammen von **Lucas Guizo** mit Ausnahme von S. 5, S. 33, S. 34, S. 72 links, S. 75, S. 79, S. 113, S. 117 links, S. 129 rechts, S. 133 rechts, S. 138 rechts, S. 143, S. 147, S. 153 links, S. 156 (**Andreas Buhl**), S. 8 (shutterstock/casanisa), S. 9 links (shutterstock/Bartosz Luczak), S. 9 rechts, S. 138 links (shutterstock/New Africa), S. 11 links (unsplash/Humphrey Muleba), S. 11 rechts, 14, 15, 16 (shutterstock/Natalia Ruedisueli), S. 12 (shutterstock/s_oleg), S. 17 (shutterstock/yari2000), S. 20 (unsplash/Jasmine Waheed), S. 21 links oben (shutterstock/Plotitsyna NiNa), S. 21 links unten (unsplash/Valeria Terekhina), S. 21 rechts (shutterstock/Neven Krcmarek), S. 24 (shutterstock/AnnaNikitina84), S. 25 (shutterstock/Maleo), S. 27 (shutterstock/julie deshaies), S. 29 links (unsplash/Merve Aydin), S. 29 rechts (shutterstock/Maurese), S. 31 links (shutterstock/Ksenia Lada), S. 31 rechts (shutterstock/Anney_Lier), S. 41 links (unsplash/Toa Heftiba), S. 41 rechts (shutterstock/SJ Travel Photo and Video), S. 45 links (unsplash/David R), S. 45 rechts (shutterstock/Maren Winter), S. 49 links (shutterstock/Troggt), S. 49 rechts (shutterstock/Abramova Oxana), S. 54 links (shutterstock/Volker Rauch), S. 54 rechts (shutterstock/TYNZA), S. 55 (shutterstock/Vezzani Photography), S. 56 (shutterstock/Chef Darko), S. 57 links oben (unsplash/Diane Theresa Hendrick), S. 57 links unten (unsplash/John Cameron), S. 57 rechts (unsplash/Hanne Hoogendam), S. 61 (unsplash/Marek Studzinski), S. 63 (shutterstock/Oksana_Schmidt), S. 72 rechts (shutterstock/Natasha Breen), S. 79 (shutterstock/marcovarro), S. 80 (shutterstock/yizhachok), S. 81 links oben (unsplash/Vladimir Gladkov), S. 81 links unten (shutterstock/Ekapan pawanti), S. 79 rechts (shutterstock/nnattalli), S. 82 (shutterstock/aperturesound), S. 87 (shutterstock/Robert Bodnar T), S. 97 links (unsplash/Michael Waddell), S. 97 rechts (unsplash/Lisanne van Elsen), S. 99 (unsplash/Jason Leung), S. 100 (shutterstock/Y. A. Photo), S. 102 (shutterstock/Jiaming Xie), S. 107, S. 108, S. 120 (shutterstock/Pixel-Shot), S. 112 (shutterstock/Vera.FoodandGarden), S. 116 (shutterstock/Antonina Babchenko), S. 117 rechts (shutterstock/Andreas Vogel), S. 121 links (shutterstock/Vania Georgieva), S.121 rechts (shutterstock/Ruud Morijn Photographer), S. 122 (shutterstock/Melica), S. 129 links (shutterstock/Alekseyliss), S. 131 (unsplash/Rebeca G Sendroiu), S. 133 links (shutterstock/Yuliya Padina), S. 134 (unsplash/Jan Baborak), S. 135 (unsplash/Barbara Chowaniec), S. 136 (shutterstock/Stefan_Sutka), S. 139 (Malivan_Iuliia), S. 141 (shutterstock/Anna Mente), S. 144 (shutterstock/Roca Mharas), S. 145 (shutterstock/Maria Kovalets), S. 146 (shutterstock/Olivia Lorot), S. 147 rechts (shutterstock/Tati Liberta), S. 148 (shutterstock/Anuschka), S. 158 (shutterstock/Ramin Foruqi), S. 159 links oben (shutterstock/romiri), S. 159 links unten (shutterstock/Max_555), S. 159 rechts (shutterstock/Monika Grabkowska), S. (shutterstock/Emilia Bunster), S. 167 links (shutterstock/Bildagentur Zoonar GmbH), S. 167 rechts (shutterstock/Ekaterina Pokrovsky), S. 169 (shutterstock/ANASTASIIAKU), S. 170 (shutterstock/Anna_Pustynnikova), S. 171 (shutterstock/Lyudmila Mikhailovskaya), S. 172 (unsplash/The Nix Company), S. 173 links (unsplash/Jassy Onyae), S. 173 rechts (shutterstock/Chatham172), S. 176 links (shutterstock/barmalini), S. 179 (shutterstock/Ina Ts), S. 180 links (shutterstock/Thomas Klee), S. 180 rechts oben (unsplash/Elena Kloppenburg), S. 180 rechts unten (shutterstock/ESTELLE R), S. 181 (shutterstock/ DenisMArt), S. 183 links (shutterstock/Madeleine Steinbach), S. 183 rechts (shutterstock/alfredhofer), S. 184 (shutterstock/irina02), S. 186 (shutterstock/Oksana_Schmidt), S. 187 (unsplash/_ Cécile), S. 190 oben (Beatrix Bischoff).